中小学教育智慧丛书

三生教育

为学生成长守正培元

梁叶华 著

华南理工大学出版社
SOUTH CHINA UNIVERSITY OF TECHNOLOGY PRESS
·广州·

图书在版编目(CIP)数据

三生教育：为学生成长守正培元/梁叶华著. -- 广州：华南理工大学出版社，2024.6. -- ISBN 978-7-5623-7772-6

Ⅰ.G444

中国国家版本馆CIP数据核字第2024503KT7号

Sansheng Jiaoyu: Wei Xuesheng Chengzhang Shouzheng Peiyuan
三生教育：为学生成长守正培元

梁叶华　著

出 版 人：柯　宁
出版发行：华南理工大学出版社
　　　　　(广州五山华南理工大学17号楼，邮编510640)
　　　　　http://hg.cb.scut.edu.cn　E-mail: scutc13@scut.edu.cn
　　　　　营销部电话：020-87113487　87111048(传真)
策划编辑：吴翠微
责任编辑：刘　锋
责任校对：张晓婷
印 刷 者：广州小明数码印刷有限公司
开　　本：787 mm×1092 mm　1/16　印张：12　字数：209千
版　　次：2024年6月第1版　印次：2024年6月第1次印刷
定　　价：59.00元

版权所有　盗版必究　　印装差错　负责调换

前 言

人的全面发展是教育的出发点和归宿。随着教育理念的迭代更新，人的全面发展除了要发展德、智、体、美、劳等方面的品质和能力外，还要立足于新时代党对教育的新要求，以习近平新时代中国特色社会主义思想为指导，落实立德树人的根本任务，坚持健康第一的教育理念，培育学生热爱生活、珍视生命、自尊自信、理性平和、乐观向上的心理品质。

学生的心理健康影响着其德、智、体、美、劳的全面发展，因此心理健康教育是育人的重要一环。为扎实推进立德树人的根本任务，培养全面发展的时代新人，广州市番禺区市桥富都小学积极探索校本化心理健康教育模式。学校秉承"美好人生，从心开始"的办学理念，以心理健康教育为抓手，把"三生教育"（生活教育、生涯教育、生命教育）作为核心内容，创设了心理健康教育"三生"模式，构建起基于学生的真实生活情景的教学、活动范式。"三生"模式以"课程+活动"为抓手，从学生的生活情境出发，关注学生的积极发展，注重培养学生的积极心理品质和核心能力，聚焦学生的全面发展；同时以生活体验为抓手、以生涯教育为载体、以生命教育为内核，培养"快乐·自信·共融"的市桥富都学生，提升学生的生命高度。

心理健康教育"三生"模式研究的最终指向是培养学生的幸福感，为学生的生命提质。在理念方面，心理健康教育"三生"模式充分结合了学校的办学理念及教育教学活动的实际情况，将心理健康教育渗透到学校整体工作的每个细节中。这种"大心育"的理念不仅有助于扎实推进心理健康教育工作，还能以其作为突破口，带动学校高质量发展。在内容方面，心理健康教育"三生"模式以生活教育、生涯教育和生命教育相整合来开展育人工作，尤其是把生涯教育作为核心内容在小学开展实践研究。在顶层设计方面，心理健康教育"三生"模式在构建校本课程体系、生成活动资源的基础上，构成了较为清晰的理论体系。在实践形式上，心理健康教育"三生"模式充分利用家长资源，开展校内外的体验活动，使"家校合力"的作用发挥到最大化，搭建起"校—家—社"协同联动的全员心理健康教育网络，将"三全育人"落到实处。

市桥富都小学于2017年起开始实施心理健康教育"三生"模式，先在校内进行推广与应用；在不断"实践—反思—调整—再实践"的过程中，进一步优化模式，并于2019年开始进行区域内的推广与应用。其中，生涯探索资源包是基于校本实际研发的，可操作性强，能全面应用于学校的心理健康教育、劳动教育、德育及教学工作中；同时，观摩其他学校开展的心理健康教育工作，尤其是小学开展的生涯教育，具有较大的借鉴应用价值。本阶段成果基于在小学实施生涯教育实践探索的研究案例，形成了系统化的课程及活动体系，为"小学—初中—高中—大学"全学段生涯教育一体化补充了实践案例，让"三生教育"的开展更具有衔接性和层次性。

本书《三生教育：为学生成长守正培元》，是对市桥富都小学"三生教育"模式探索与实践的全面总结。全书逻辑严谨，层层递进，共分为四大篇章。第一章，从理论根基出发，回溯了"三生教育"模式的诞生背景与理论基础，详细梳理了其发展历程，凸显了在当代教育生态下关注学生身心健康和其主观幸福感的重要性。第二至第四章，则是"三生教育"模式核心内容的具体呈现。第二章聚焦于"生活教育"，通过精心构建的课程体系与丰富多彩的实践活动案例，详细探讨如何提升学生的劳动技能，培养学生良好生活习惯及礼仪素养，让教育紧密贴合生活实际，使学生在课程学习中感悟成长的乐趣与意义。第三章转向"生涯教育"，通过构建系统化的课程体系，展示生动的职业体验课程与活动案例，论述如何引导学生提前规划职业生涯路径，激发学生的职业兴趣，为其未来的人生道路奠定坚实的基础。第四章则深入探索"生命教育"，主要通过一系列意义深刻的教学设计与情感体验活动案例，论述如何引导学生认识生命的价值和意义，培养学生积极向上的心态与对生命的敬畏之情，进而促进学生心灵的健康成长与全面发展。全书表明，"三生教育"模式的实施，不仅能提升学生的学业成就，更能促使其在身心健康、生涯规划及生命价值认知等多个维度实现均衡发展，进而助力学生实现全面而和谐的成长，提升其幸福感与生命质量。

随着心理健康教育"三生"模式在市桥富都小学的深入实践，学校的心理健康教育发展迅速，成果喜人，学校的特色发展也随之得到深度延伸。面向未来，要想使"三全育人""五育融合"发挥更大的效用，心理健康教育"三生"模式的探索实践仍有很长的路要走。"道阻且长，行则将至"，为了让我们的学生都能演绎出"美好人生，从心开始"的人生故事，实现健康、全面发展，我们将一直坚定地向前行。

梁叶华

2024年3月

目 录

第一章　从心出发："三生教育"模式建构　/　001

第一节　"三生教育"模式的诞生背景 …………………… 001
　一、从现象反思到生情分析：学生幸福感调查 ………… 002
　二、从教育趋势到校情考量："美心教育"特色 ………… 008
第二节　"三生教育"模式的理论梳理 …………………… 017
　一、理论基础 ………………………………………… 018
　二、概念界定 ………………………………………… 021
　三、发展历程 ………………………………………… 025
第三节　"三生教育"模式的整体构建 …………………… 027
　一、顶层设计 ………………………………………… 027
　二、心育环境 ………………………………………… 031
　三、课程建设 ………………………………………… 035
　四、活动融合 ………………………………………… 037
　五、学科整合 ………………………………………… 039

第二章　健康生活：生活教育　/　041

第一节　生活教育课程体系的构建 ………………………… 041
　一、课程目标 ………………………………………… 042

I

二、课程实施 …………………………………… 042
　　三、课程评价 …………………………………… 045
　　四、课程保障 …………………………………… 047
第二节　劳动课程：小厨房，大世界 ……………… 048
　　一、课程目标 …………………………………… 049
　　二、课程原则 …………………………………… 049
　　三、课程管理 …………………………………… 050
　　四、课程设计 …………………………………… 051
　　五、课程实施 …………………………………… 054
　　六、课程评价 …………………………………… 055
　　七、课程案例 …………………………………… 056
第三节　礼仪课程：知礼达义，风雅富都 ………… 061
　　一、课程目标 …………………………………… 062
　　二、课程设计 …………………………………… 062
　　三、课程实施 …………………………………… 064
　　四、课程评价 …………………………………… 067
　　五、课程案例 …………………………………… 067
第四节　生活教育活动案例 ………………………… 069
　　一、技能比拼 …………………………………… 069
　　二、习惯培养 …………………………………… 071
　　三、"小农田"种植 ……………………………… 077

第三章　职业体验：生涯教育　/　081

第一节　生涯教育课程体系的构建 ………………… 081
　　一、课程目标 …………………………………… 082

二、课程原则 ·· 083
　　三、课程体系 ·· 083
　　四、课程设计 ·· 086
　　五、课程实施 ·· 090
第二节　职业体验课程："职"面未来 ············ 094
　　一、传统艺术我传承 ······························ 097
　　二、幸福生活我创造 ······························ 102
　　三、理想社会我担当 ······························ 104
　　四、世界奥妙我探索 ······························ 110
第三节　生涯教育活动案例 ·························· 113
　　一、未来的手机由我制造 ························ 113
　　二、我是小小法官 ································· 118
　　三、了解动物饲养员 ······························ 123
　　四、走进营养师 ···································· 127
　　五、我是小小快递员 ······························ 133

第四章　幸福成长：生命教育　/　138

第一节　生命教育课程体系的构建 ················ 138
　　一、课程目标 ·· 139
　　二、课程设计 ·· 139
第二节　生命教育课程之必备能力 ················ 141
　　一、"你好，压力"教学设计 ···················· 141
　　二、"探索兴趣星空"教学设计 ················· 144
第三节　生命教育课程之积极品质 ················ 147
　　一、"接受不完美的自己"教学设计 ··········· 147

二、"用乐观跨越挫折"教学设计 …………………… 152
　　三、"听出最美和音"教学设计 ……………………… 155
　第四节　生命教育课程之敬畏生命 ……………………… 159
　　一、"奇妙的生命体验馆"教学设计 ………………… 159
　　二、"闪闪发光的我"教学设计 ……………………… 162
　第五节　生命教育活动案例 ……………………………… 164
　　一、团体心理辅导活动 ……………………………… 164
　　二、心理趣味游园会 ………………………………… 168
　　三、感恩教育主题活动 ……………………………… 173

后　记 / 179

第一章

从心出发:"三生教育"模式建构

> "三生教育"模式,即以生活体验为抓手、以生涯教育为载体、以生命教育为内核,旨在培养"快乐·自信·共融"的学生,提升学生的生命高度。

第一节 "三生教育"模式的诞生背景

教育是为了什么?英国教育家怀特海在其著作《教育的目的》中开宗明义地提出:"学生是有血有肉的人,教育的目的是激发和引导他们的自我发展之路。"他认为,"教育是为了生活和生命而存在的,并围绕生活而展开运行"。[①] 教育的主体是人,而人处在一个日新月异的社会中,需要具备一定的社会生存能力。这种能力是以生命为基础,以生活和未来发展为指向的。正如意大利教育家玛利亚·蒙台梭利认为的:"教育就是激发生命、充实生命,协助孩子们用自己的力量生存下去,并帮助他们发展这种精神。"[②] 在"以人为本"的现代教育理念中,教育应该"以学生为中心",把学生作为教育的主体,关注学生真实的发展需求,通过有效手段和途径引导学生正确认识世界、融入社会、了解自我,持续激发学生的发展潜能,让学生具备面向未来的能力。

教育的出发点和归宿都是为了人的全面发展。在我国深入推进基础教育扩优提质的今天,教育部提出"聚焦中国学生发展核心素养,培养学生适应未来发展的正确价值观、必备品格和关键能力",这一政策具有很强的现实意义。

---

① 怀特海.教育的目的[M].庄莲平,王立中,译注.上海:文汇出版社,2012.
② 玛利亚·蒙台梭利.童年的秘密[M].单中惠,译.北京:中国长安出版社,2010.

实现这一目标，要践行"五育"并举：突出德育实效，提升智育水平，强化体育锻炼，增强美育熏陶，落实劳动教育。尤其是立足于新时代教育的今天，要以习近平新时代中国特色社会主义思想为指导，坚持为党育人、为国育才，落实立德树人的根本任务，坚持健康第一的教育理念，培育学生热爱生活、珍视生命、自尊自信、理性平和、乐观向上的心理品质。

为扎实推进立德树人的根本任务，培养全面发展的时代新人，广州市番禺区市桥富都小学（下文简称"富都小学"）聚焦学生主体，把"生活教育""生涯教育""生命教育"作为学校心理健康教育的核心内容，从学生的生活情境出发，关注学生的积极发展，注重培养学生的核心能力，将三种教育有机整合并形成了学校心理健康教育的校本模式——心理健康教育"三生"模式（下文简称"三生"模式），构建起基于学生的真实生活情景的教学、活动范式。学校旨在通过以生活体验为抓手、以生涯教育为载体、以生命教育为内核的教育模式，培养"快乐·自信·共融"的富都学子，提升学生的生命高度。

一、从现象反思到生情分析：学生幸福感调查

学生的心理健康影响着其德、智、体、美、劳的全面发展，学生的心理健康教育是育人环节的重中之重。随着经济社会的快速发展，学生的成长环境不断在变化，繁杂的信息源、过重的学业压力、复杂的家庭环境和社会环境等，都影响着学生的心理健康。近些年，社会心理健康问题呈现"低龄化"发展趋势，中小学生的心理健康问题越来越受到社会各界的关注。2023年4月，国家出台《全面加强和改进新时代学生心理健康工作专项行动计划（2023—2025年）》，这一行动计划标志着"加强学生心理健康工作"上升为国家战略，学生心理健康工作被摆在更加突出和重要的位置。

长期以来，困扰学生心理健康的主要问题是什么？中国人民大学心理研究所所长俞国良对2010—2020年我国大中小学生心理健康问题检出率的系统研究显示，我国大、中、小学生抑郁、焦虑、睡眠问题和自我伤害检出率偏高。其中，小学生心理健康问题检出率由高到低依次是睡眠问题（25.2%）、抑郁（14.6%）、焦虑（12.3%）、攻击行为（4.1%）、退缩（3.8%）、违纪行为（3.7%）、躯体化（3.6%）。[①]睡眠问题可能会导致小学生产生情绪紊乱、学习困

---

① 俞国良.中国学生心理健康问题的检出率及其教育启示［J］.清华大学教育研究，2022，43（04）.

难、认知障碍、肥胖和高血压等一系列不良后果，而抑郁、焦虑等问题很容易对学生的学习、生活、人际交往、未来发展等造成不可逆转的负面影响。中国科学院心理研究所发布的《中国国民心理健康发展报告（2019—2020）》中提到，小学生抑郁问题检出率为一成左右，与其他国家儿童情况相比属于中等偏高水平。这些数据都表明，解决小学生心理健康问题是当务之急，社会各方应系统地开展全员、全过程、全方位的小学生心理健康教育。尤其是学校作为教育的主阵地，必须加强校园心理健康教育，促进学生整体素质提高，以确保学生能够健康、长远地发展。

此外，家庭教育也深刻影响着学生的心理健康。2021年，北京师范大学中国基础教育质量监测协同创新中心牵头组织，在全国范围内开展了家庭教育对中小学生心理健康的影响状况调查。调查显示，7种家庭风险因素（父母冲突、亲子冲突、亲子亲密度、父母不良教养行为、父母支持、父母施压、父母期望）中，近三成四年级学生和近四成八年级学生经历过2种及以上的家庭风险。[①] 从这个角度来看，学校作为指导者，应健全学校家庭社会协同育人机制，协助提升家庭教育水平，为学生的心理健康保驾护航。

针对学校心理健康教育的研究，国内外有不同的关注点。从国外研究来看，根据国外心理健康教育的职能、活动与作用，学校心理健康教育从历史的角度可分成三个阶段：第一阶段是心理健康教育发展的初期阶段（19世纪末至20世纪40年代），这一阶段以心理测量和心理诊断为主，主要针对智障儿童进行心理测试，从而为学校提供参考性建议；第二阶段是心理健康教育发展的童年期（20世纪50年代至60年代末），这一阶段以心理咨询和心理辅导为主，主要针对"问题儿童"进行心理咨询，作出分析并提供辅导对策；第三阶段是心理健康教育的繁荣期（20世纪70年代至今），这一阶段以综合的学校心理健康教育活动为主。

国内关于心理健康教育的研究主要集中在学生心理健康现状、心理健康教育实施、学校心理学家的培养和积极心理学视角下的学校心理学研究这四个方面。经过多年的发展，心理健康教育的途径越来越丰富，其视角也从过去的"问题导向"转变为"积极的发展导向"，但国内的心理健康教育仍存在一些问题和不足。一是心理健康教育针对性不强，不适合我国学生的心理特点；

---

① 任萍，陈嘉慧等.中国家庭教育对中小学生心理健康影响状况调查报告［J］.中华家教，2023（3）.

二是心理健康教育目标空洞、内容繁杂、主题不鲜明，致使心理健康教育形式化、片面化、简单化；三是缺乏横向贯通的协同机制与实施途径。不少学校在开展心理健康教育工作的过程中，将心理健康教育工作与学校其他工作割裂，未实现全员、全过程、全方位育人，忽视学科融合、活动融合，降低了健康教育工作的实效性。

对于提升学生的心理健康素养，学校可以从意义感、价值感、幸福感上着手，即让学生享受更加优质的校园生活，在有意义、有价值的心理健康课程和活动中学习和体验生活，在集体生活中学会交流、合作、共享。

基于以上现象及思考，为切实了解学生的幸福感现状，推进学校教育教学改革，探索适合学生发展的心理健康教育模式，富都小学对本校四至六年级的学生进行了幸福感现状调查。具体的调查情况及其分析如下。

（一）调查工具

富都小学的心理健康教育"三生"模式研究的最终目的是培养学生的幸福感，为学生的生命提质。为此，我们选用了由埃德·迪纳于2000年编制的《快乐感量表》以及张兴贵等人研究编制的《青少年学生生活满意度量表》，对被调查学生实施前测，其调查结果可作为后续研究的参考数据。"生活满意度"是指个体基于自身设定的标准对生活质量作出的主观评价，是衡量某一社会人们生活质量的重要参数。

其中，《快乐感量表》包括正性情绪量表和负性情绪量表。已有研究表明，该量表有较好的信度和效度。量表采用7点计分的方式，两个量表分别包括6个项目和8个项目；每个项目最低分数为1分，最高分数为7分。分数越高，说明正性情感或负性情感体验越强烈。《青少年学生生活满意度量表》则包括友谊满意度、家庭满意度、学校满意度、学业满意度、自由满意度和环境满意度等6个维度共36个项目，量表采用7级计分制，每个测验项目最低分数为1分，最高分数为7分。分数越高，表明生活满意度水平越高。

（二）调查对象

本次调查是为测定学生生活满意度水平及正负性情绪体验情况，调查对象为富都小学四至六年级学生，共955人。本次调查共回收《青少年学生生活满意度量表》有效问卷945份，回收率99%；共回收《快乐感量表》有效问卷938份，回收率98%。

(三)调查分析[①]

1. 不同性别学生生活满意度差异分析

通过对男、女生的生活满意度数据进行独立样本 t 检验分析,结果如表1-1,四至六年级的男生和女生在生活满意度水平上差异不显著。($t=-3.27$,$p>0.05$)

表1-1 四至六年级男、女生的生活满意度差异

项目	性别	$M \pm SD$	t
生活满意度	男生	3.390 ± 0.666	-3.27
	女生	3.402 ± 0.557	

2. 不同年级学生生活满意度差异分析

通过对四至六年级不同年级的学生生活满意度数据进行方差分析,结果如表1-2,不同年级的学生在生活满意度水平方面存在着显著差异($F=8.274$,$p=0.00***$)。经事后检验结果显示,四年级学生的生活满意度水平显著低于五年级学生的生活满意度水平,与六年级学生的生活满意度水平无显著性差异;五年级学生的生活满意度水平显著高于六年级学生的生活满意度水平。

表1-2 不同年级学生的生活满意度差异

项目	年级	$M \pm SD$	F
生活满意度	四年级	3.308 ± 0.620	8.274***
	五年级	3.498 ± 0.637	
	六年级	3.384 ± 0.576	

注:$p*<0.05$,$p**<0.01$,$p***<0.001$,下同。

3. 本校与番禺区其他学校学生生活满意度差异分析

将本次调查结果与番禺区2017年分层随机抽样的小学生生活满意度调查结果进行比较分析,结果如表1-3,本校学生生活满意度水平显著低于2017年番禺区其他学校学生的生活满意度水平($t=-90.262$,$p=0.00***$)。

---

① 调查数据中,t 代表的是 t 检验值,p 代表了显著性水平,当 p 值小于显著性水平(0.05或0.01),可以认为结果是显著有效的,结果是有差异的。

表1-3 本校与番禺区其他学校学生生活满意度差异

项目	区域	$M \pm SD$	t
生活满意度	本校学生	3.395 ± 0.615	-90.262***
	番禺区学生	5.202	

4. 不同性别学生正负性情绪体验差异分析

对不同性别学生的正负性情绪体验数据进行独立样本t检验分析，结果如表1-4，四至六年级的男生和女生在正性情绪体验上差异不显著（$t=-1.255$，$p=0.744$），在负性情绪体验上差异也不显著（$t=-0.386$，$p=0.700$）。

表1-4 四至六年级男、女生正负性情绪体验差异

项目	男生（$M \pm SD$）	女生（$M \pm SD$）	t
正性情绪	4.79 ± 1.43	4.68 ± 1.37	-1.255
负性情绪	2.72 ± 1.25	2.69 ± 1.20	-0.386

5. 不同年级学生正负性情绪体验差异分析

对不同年级的学生在正负性情绪体验方面的数据进行方差分析，结果如表1-5，不同年级的学生在正负性情绪体验上存在着显著差异。经事后检验结果显示，四年级学生的正性情绪体验显著高于五年级学生，$p=0.014*$，也显著高于六年级学生的正性情绪体验得分，$p=0.026*$；五年级与六年级学生的正性情绪体验无显著性差异，$p=0.622$。四年级学生的负性情绪体验显著高于六年级学生，$p=0.000***$，与五年级学生无显著差异。五年级学生的负性情绪体验显著高于六年级学生，$p=0.000***$。

表1-5 不同年级学生正负性情绪体验差异

项目	四年级（$M \pm SD$）	五年级（$M \pm SD$）	六年级（$M \pm SD$）	p
正性情绪	4.92 ± 1.32	4.61 ± 1.41	4.66 ± 1.47	4.609*
负性情绪	2.80 ± 1.23	2.85 ± 1.26	2.42 ± 1.15	10.900***

6. 本校与番禺区学生正负性情绪体验差异分析

将本次调查结果与番禺区2017年分层随机抽样的小学生正负性情绪体验

调查结果进行比较分析，结果如表1-6，本校学生目前的正性情绪体验显著高于2017年番禺区学生的正性情绪体验（$t=2.036$，$p=0.042*$），而在负性情绪体验上则没有显著差异（$t=-1.123$，$p=0.262$）。

表1-6 本校与番禺区学生正负性情绪体验差异

项目	本校学生（$M \pm SD$）	番禺区学生（$M \pm SD$）	t
正性情绪	4.737 ± 1.399	4.644	2.036*
负性情绪	2.707 ± 1.228	2.752	-1.123

基于调查结果可知：

第一，本校四至六年级学生的生活满意度水平在性别上不存在显著差异；四、六年级学生的生活满意度水平显著低于五年级学生的生活满意度水平，而四年级和六年级学生的生活满意度水平不存在显著差异。

第二，与番禺区2017年分层随机抽样的小学生生活满意度调查结果进行比较发现，本校学生目前的生活满意度水平显著低于番禺区学生的生活满意度水平。

第三，在性别差异上，五、六年级男生在日常生活中感受到的愉快、幸福等正性情绪体验均显著高于女生，而在难过、生气等负性情绪体验上与女生无显著差异，四年级的男、女生在正负性情绪体验方面均无显著差异。

第四，本校不同年级学生在正负性情绪体验方面存在显著差异。其中，四年级学生在日常生活中感受到的愉快、幸福等正性情绪体验显著高于五年级学生，四年级、五年级学生在正性情绪体验上均与六年级学生无显著差异；而在难过、生气等负性情绪体验上，四、五年级学生无显著差异，但均高于六年级学生。

第五，本校学生目前的正性情绪体验显著高于2017年番禺区学生的正性情绪体验，而在负性情绪体验上双方则没有显著差异。

综上，富都小学学生的生活满意度水平在性别差异上并不存在较大的不平衡，但在年级上有细微的差别，原因较为复杂，可能与年纪、学习压力等相关；在正负性情绪体验方面，不同年级学生之间出现较大的差异。在整体上与2017年番禺区学生对比，富都小学学生的生活满意度水平与之还有一定差距。富都小学从2015年开始进行对"三生"模式的探索与实践，这在校内不同性别、不同年级学生之间产生了较好的正向影响，但该模式仍有继续优化的空间。基于此次学生幸福感现状调查，学校需要进一步优化"三生"模式，使之真正起到培养学生幸福感、为学生生命提质的作用。

二、从教育趋势到校情考量："美心教育"特色

从发展来看，心理健康教育在我国中小学起步较晚，从呼吁到起步再到深入发展经历了一个较长的探索历程。随着我国大力推行素质教育，加之近些年学生心理健康问题凸显，全国各地才真正地从上至下较为系统化地开展并深化心理健康教育，优化校园心理健康教育生态环境。2024年全国教育工作会议提出，要以身心健康为突破点强化"五育"并举，高度重视学生的心理健康工作。心理健康教育是实现素质教育的前提和必要条件，为此，学校作为教育的主阵地，应想方设法地落实心理健康教育，为学生的心灵撑起一片蓝天。

学生的身心健康关系到国家的未来，因此广大教育者在实际教育教学中需要去思考和探索心理健康教育的模式，切实提高心理健康教育工作的实效性。对于学校而言，构建心理健康教育模式应基于学生立场，基于校情、学情，把握全方位、立体化、可持续发展等原则，在保证其具备预防性、引导性和干预性特点的前提下，使学校心理健康教育符合本校学生的发展需求。富都小学从2017年开始基于学校的"美心教育"，进行了心理健康教育模式的校本化探索和实践。经过两年的校内应用，富都小学提出的"三生"模式在"实践—反思—调整—再实践"的过程中得到了持续优化，于2019年开始在区域内进行推广与应用。

（一）顺应教育趋势

1. 国家政策指导

从2002年至今，我国针对儿童青少年心理健康的政策呈现愈加具体化的特征。2002年8月，教育部印发《中小学心理健康教育指导纲要》，强调要根据学生的心理发展特点和身心发展规律，灵活开展心理健康教育。2012年12月，教育部对《中小学心理健康教育指导纲要》进行了修订，明确指出中小学心理健康教育是进一步加强和改进中小学德育工作、全面推进素质教育的重要组成部分。2019年6月，中共中央、国务院印发的《中共中央 国务院关于深化教育教学改革全面提高义务教育质量的意见》中明确指出，建立健全中小

学心理健康教育工作机制是中小学的一项重要工作；同年12月，国家卫生健康委等12个部门联合制定《健康中国行动——儿童青少年心理健康行动方案（2019—2022年）》，提出到2022年底基本建成有利于儿童青少年心理健康的社会环境。

2021年7月，教育部办公厅印发《教育部办公厅关于加强学生心理健康管理工作的通知》，提出要大力培育学生积极心理品质，充分发挥体育、美育、劳动教育以及校园文化的重要作用，全方位促进学生心理健康发展；结合各学段特点系统加强劳动教育，吸引学生积极参加各种健康向上的校园文化生活和学生社团活动，切实培养学生珍视生命、热爱生活的心理品质，增强学生的责任感和使命感。

2023年4月，教育部等17个部门联合出台重磅文件《全面加强和改进新时代学生心理健康工作专项行动计划（2023—2025年）》，该计划提到要"把心理健康工作质量作为衡量教育发展水平、办学治校能力和人才培养质量的重要指标"，并明确表示要坚持"五育"并举，开好心理健康教育课，提出"全方位开展心理健康教育""分层分类开展心理健康教学，关注学生个体差异，帮助学生掌握心理健康知识和技能，树立自助、求助意识，学会理性面对困难和挫折，增强心理健康素质"的要求。

在2024年3月的全国两会中，学生心理健康教育问题也受到热切关注。例如，全国人大代表刘希娅提出学校要推动全员心理健康教育培养工作，认为"学校、家庭、社会都应该致力于为学生打造一个有获得感、幸福感、安全感、归属感的环境，让学生喜欢并享受其所处的环境"。[1] 全国学生心理健康工作咨询委员会秘书长乔志宏认为："学校需要为家长设置规范的、成熟的、完整的家庭教育内容结构，让家长能够了解孩子各个年龄阶段的成长规律、心理发育规律，采取有针对性的、符合时代特点的教育做法。"[2]

在国家政策的指导推动下，在教育理念的迭代更新中，学校应贯彻新时代党对教育的新要求，从有效整合资源、促进学生全面发展的需要出发，推进心理健康教育模式校本化，并注意避免心理健康教育与德、智、体、美、劳脱节

---

[1] 宋佳欣，冉楠．全社会要共同守护青少年的"心"世界．中国教育报［N］．2024-03-05（04）．
[2] 同①。

而导致的综合育人效果弱化。在现实教学中，部分学校虽然有将心理健康教育与其他学科整合的意识，但在实践中缺乏统领心理健康教育与其他学科资源的主线，没有较好地进行"五育"融合。为此，构建校本化心理健康教育模式可以通过跨学科、体验式活动的方式，着眼于培养学生的积极品质与潜能，提升综合育人的效果。

2. "双减"政策落地

很长时间以来，中小学生课业负担太重是义务教育中存在的突出问题，同时引发了学生心理健康的问题。为提升学校育人水平，规范校外培训，有效减轻义务教育阶段学生过重作业负担和校外培训负担，2021年7月，中共中央办公厅、国务院办公厅印发了《关于进一步减轻义务教育阶段学生作业负担和校外培训负担的意见》（下文简称"双减"）。该文件作为推动基础教育重大改革的标志性文件，受到了社会的广泛关注。国家和政府的"双减"政策到地方各级教育行政部门的一系列配套措施，是解决学生心理健康问题的一剂"重药"。

"双减"政策不仅提出要减轻学生的过重作业负担和校外培训负担，还强调要强化学校教育主阵地的作用，注重课后服务的重要性，通过高质量的课后服务，构建以综合育人为宗旨的课后服务课程体系，将课后服务升级为课后育人，从而促进学生核心素养和综合能力的提升，真正达成提质增效的目的。这对学校的心理健康教育工作提出了新的要求。作为教育者，我们要思考：如何在新形势下提升心理健康教育的实效性，坚持学生为本、回应关切，遵循教育规律，着眼学生身心健康成长，从而帮助学生提升心理韧性，让学生成为全面发展、身心健康的新时代社会主义建设者和接班人？基于此，学校应将着眼点放在对校本化心理健康教育有效模式的探索上，助力在"双减"背景下实现对学生心理素质的提升，让学生身心得到"双减负"。

3. 将心理健康教育课纳入校本课程

《教育部办公厅关于加强学生心理健康管理工作的通知》提出："中小学要将心理健康教育课纳入校本课程，同时注重安排形式多样的生命教育、挫折教育等。"将心理健康教育课纳入校本课程，是发挥课堂教学主渠道作用，增强学生心理健康的具有针对性和有效性的重要措施。以前，心理健康教育课常与班会课合并，形式单一、内容简单，学生无法真正通过该课程提高心理素质，而它在被纳入校本课程体系后，就不再是可有可无的存在，而是能够与其他学科课程、特色校本课程独立并行或者融合教学的课程。同时，学校也能通过建立起多元化评估体系，提升心理健康教育的实用性。此外，校本化意味着需要依据学校的特色，从校情、学情出发，制定适合本校学生的课程架构和实施内容，这符合不同学校学生的实际情况和发展需求，能够丰富心理健康教育的形式和内涵。

思及小学阶段的心理健康教育，针对其与学段特征脱节且学段间衔接性、进阶性淡化的问题以及不利于学生的纵深发展的情况，学校需要从落实全学段有效衔接、完善心理健康教育内容体系的角度出发，发挥学校优势，满足实现全体学生的发展性心理的培养与提升的目标。深化素质教育要以学校心理健康教育特色品牌的建设为抓手，营造积极进取、和谐共进的校园氛围，为学生塑造美好人生。

（二）聚焦校情特色

构建适合本校发展的、具有灵魂的校本化心理健康教育模式，需要立足于校情，挖掘特色。富都小学在打造"三生"模式的过程中，基于学校"美心教育"文化理念，将心理健康教育与"美心教育"相融合，推崇美的心灵、美的行为。

富都小学始建于1997年，目前有24个教学班，在校学生1116人，在编教师51名。近年来，学校在番禺区"上品教化"理念的指引下，致力打造"美心教育"文化，在"美好人生，从心开始"办学理念的引领下，以"扬心善、促心健、启心智、塑美行"为育人目标，遵循"美心美行、向善向真"的校训，尊重师生的需求，注重师生心理和行为的修养，营造积极进取、和谐共进的校园氛围。

"成就生命的美好，让每一个生命散发着独立而善良的魅力，在人生道路上积攒厚实的底蕴，生命因教育而美丽。"这是富都小学教育工作的出发点与归宿。

1. "美心教育"提出背景

第一，体现全面实施素质教育的必然性。素质教育是以全面提高人的基本素质为根本目的，以人的性格为基础，以尊重人的主体性和主动精神，注重开发人的智慧潜能，形成人的健全个性为根本特征的教育。这是一个有相应深度与高度的教育理念，需要在日常教育教学中实现，需要一个系统性、科学性、层次性兼备的办学理念给予支撑，为此富都小学提出"美心教育"理念作为此思想的根基。

第二，体现区域践行"上品教化"理念的使然性。2012年，番禺区以"上品教化"理念为主线（意为"上品，最优也；教化，教育化成也"），以"现代岭南校园文化建设"和"研学后教"课堂教学改革为路径，确立了"一体两翼"①的发展策略。"上品教化"既包含对物质方面的追求，也偏重精神方面的潜移默化。为达成"上品教化"的目标，富都小学秉承"人之上品，必然有美的心灵、美的行为，行事向善、对人向真，具有健康心理、卓越智慧、高尚品德、远大理想"的理念，把"美心教育"作为践行"上品教化"理念的具体实践。

第三，体现学校创建特色品牌的现实性。为创建学校特色品牌，富都小学开展了"扬心善"爱心教育系列活动，"促心健"心育辅导教育系列活动，"启心智"的创新教育系列活动，"塑美行"童谣教育系列活动。在这些活动文化基础上，提炼完善了"美心教育"的理念体系、文化体系、课程体系。

2. "美心教育"内涵

"美心"："美"即美化、美好、完善，是指促进学生正向发展的系统教育行为；"心"指的是学生的"道德情操""心理状态"和"思维品质"。简而言之，"美心教育"指的是"扬心善、促心健、启心智、塑美行"的教育，即凸显"以心育心、以心育智、以心育德、以心育行"的教育。其核心要素是"美心、美行、向善、向真"。

"美好人生，从心开始"是"美心教育"的主张。"美心教育"旨在让每个学生演绎"美好人生，从心开始"的人生故事，让"以心育心、以心育智、以心育德、以心育行"成为每位教师的文化自觉。

3. "美心教育"理念体系

（1）办学理念：美好人生，从心开始。

教育从心开始，育人先"育心"，唯有"心"认同，方能"心想事成"。通过"美心教育"认知活动，浸润"和谐共融"之心，营造"和谐共融"教育生态环境。

---

① "一体"指的是以大教育为体，"两翼"指的是立足课堂、深化岭南校园文化建设。

首先，学生在学校创设的自我教育机制的作用下，充分展示生命的主体性，主动地探求知识，自律地修炼品格，自理地安排生活，培养自主选择、独立思考、自我负责的意识、行为和能力，形成自尊、自立、自决、自强的人格特征。

其次，学校通过具有整体性、均衡性的课程结构，使学生在身体、智慧、情感、意志、态度、价值观和社会适应能力等方面，呈现一种相互支持和促进的协调发展特征，实现生命整体的和谐性。

最后，学校有全体成员认同的核心价值观念和教育理念，有能包容个性、感受心灵自由、促进思维活跃的生活空间，有帮助每一个成员获得成功、实现自身价值的发展平台，有相互之间交流、沟通、理解、接纳的人际关系，有宽松、民主、友善、融洽的学习和工作氛围。

我们希望在"美好人生，从心开始"办学理念的引领下，每一个学生都能获得最适合他自身的发展，教师在和学生的互动教育过程中也能获得专业技能上的成长，学校与其成员在相互依赖、相互影响、相互促进关系下获得联动性发展。

（2）办学特色：扬心善、促心健、启心智、塑美行。

"扬心善"：开展"爱心教育"活动，通过少先队活动、综合实践主题活动等系列"爱心教育"活动，培养学生"向善"的品质。

"促心健"：开展培养"健全人格"的教育活动，通过"提升心育机制、提升心育实效、培育美心品质、打造心育特色"活动，达成"以心育心、以心育智、以心育德、以心育行"的目标。

"启心智"：开展"崇尚真理、探索创新"的教育活动，通过"美术与创作、科技与创新、创意与社团"探索创新活动，达成启发学生心智的目标。

"塑美行"：开展养成"良好行为习惯"的教育活动，通过"构建童谣体系、创编童谣、传唱童谣、践行童谣"创新德育童谣活动，达成培养学生良好行为习惯和高尚道德情操的目标。

（3）校训：美心美行、向善向真。

美心：健康心理。以"美好人生，从心开始"为理念，以"促心健"活动为平台，通过"阳光少年团队心理辅导课程"和"快乐体艺2+1"课程的实施，达成"快乐·自信·共融"的育人目标。

美行：美好行为。以"美好行为，从小做起"为理念，以"塑美行"活动为平台，通过基于行为习惯的童谣"创编、诵读、传唱、践行"德育活动，达成培养学生良好行为习惯和高尚道德情操的育人目标。

向善：拥有爱心。以"健康向上、止于至善"为理念，以"扬心善"活动为平台，通过少先队活动、综合实践主题活动、舆论导向活动，达成"爱心教育"（爱自己、爱他人、爱集体、爱社会、爱自然）的育人目标。

向真：开启心智。以"崇尚真理、探索创新"为理念，以"启心智"活动为平台，通过"美术与创作、科技与创新、创意与社团"系列活动，达成"创新教育"的育人目标。

（4）校风：善善相生、美美与共。

师生个个与人为善，善与善相生相成；校园处处洋溢美好，美与美相互交集。师生互相欣赏，共同促进。

（5）教风：尚真尚简、美人之美。

授业尚真，以真心实意脚踏实地的态度去构筑塑造学生灵魂这一事业；解惑尚简，用化繁为简的教学让学生扎实地掌握知识；因材施教，成就其美。

（6）学风：乐思乐学、各美其美。

让思考之乐充盈学习每一刻，激发学生思维的张力；让好学之风贯穿课堂内外，从始至终持续不断。同学间欣赏互促，取长补短，多元融合。

4."美心教育"实施途径

以"四维"为引领，以"五化"为平台，实施"美心教育"。

在"美好人生，从心开始"办学理念的指引下，学校以科学的研究方法，认真践行"学校特色项目—学校特色课程—特色学校"的发展策略，采用"四维五化"（"四维"即扬心善、促心健、启心智、塑美行；"五化"即特色主题化、文化物象化、课程结构化、项目个性化、校园诗意化）的实施策略，促进教育主体（学生）的发展，让每个学生演绎"美好人生，从心开始"的人生故事，让"以心育心、以心育智、以心育德、以心育行"成为每位教师的文化自觉。

5."美心教育"文化标识

（1）视觉标识。

学校以校徽（图1-1）为核心，根据核心理念"美心"设计校徽的造型和风格，再根据校徽的造型和风格来设计其他文化标识，如校服、班级牌、科室牌、温馨提示牌、导视图、档案袋、信封/信笺、垃圾桶、楼宇名等。

校徽的造型整体上构成了圆，象征融合、团结、和谐。圆内由一个艺术写意型"美"字、寓意的"心"和富都两字的首拼音字母F和D合体组成，蕴含着"美心教育"的理念。校徽整体寓意是希望每个富都人都能在"美好人生，从心开始"教育理念的指引下演绎精彩人生。

图1-1 富都小学校徽

（2）听觉标识。

学校构建了以校歌为核心的听觉标识体系，包括上课音乐、下课音乐、升旗礼音乐、团队活动音乐等。校歌名为《美心之歌》（图1-2），展现了"美心教育"的内涵。

教育就是要成就生命的美好，让每一个生命散发着独立而善良的魅力。"美心教育"所追求的目标与心理健康教育的目标相辅相成，都是为了学生的美好发展。

富都小学通过"扬心善、促心健、启心智、塑美行"的"美心教育"，打造"美心"文化，凸显环境美、心灵美、语言美、行为美，扎实开展心理健康教育工作，致力于办一所以塑造美好心灵为抓手，凸显"以心育智、以心育德、以心育行"教育特色的区域优质学校。

在心理健康教育领域，学校构建了"一三四"心理健康教育模式，即一个理念、三个目标、四个整合。一个理念：指"四全育人"理念——全员育人、全过程育人、全方位育人、全环境育人。三个目标：指在心理健康教育中要实现"快乐·自信·共融"的总目标。四个整合：与学校办学理念整合，与环境文化建设整合，与学校德育工作、学科教学整合，与校本课程整合。在"一三四"心理健康教育模式的指引下，学校创建"幸福心灵"校本课程，打造学校心理健康教育特色，规范有序地开展心理健康教育工作，并引领区域心理健康教育的发展。学校也因此被评为"广东省心理健康教育特色学校""广州市心理健康特色学校""番禺区'幸福教育'实验学校"等。

美心之歌

广州市番禺区市桥富都小学校歌

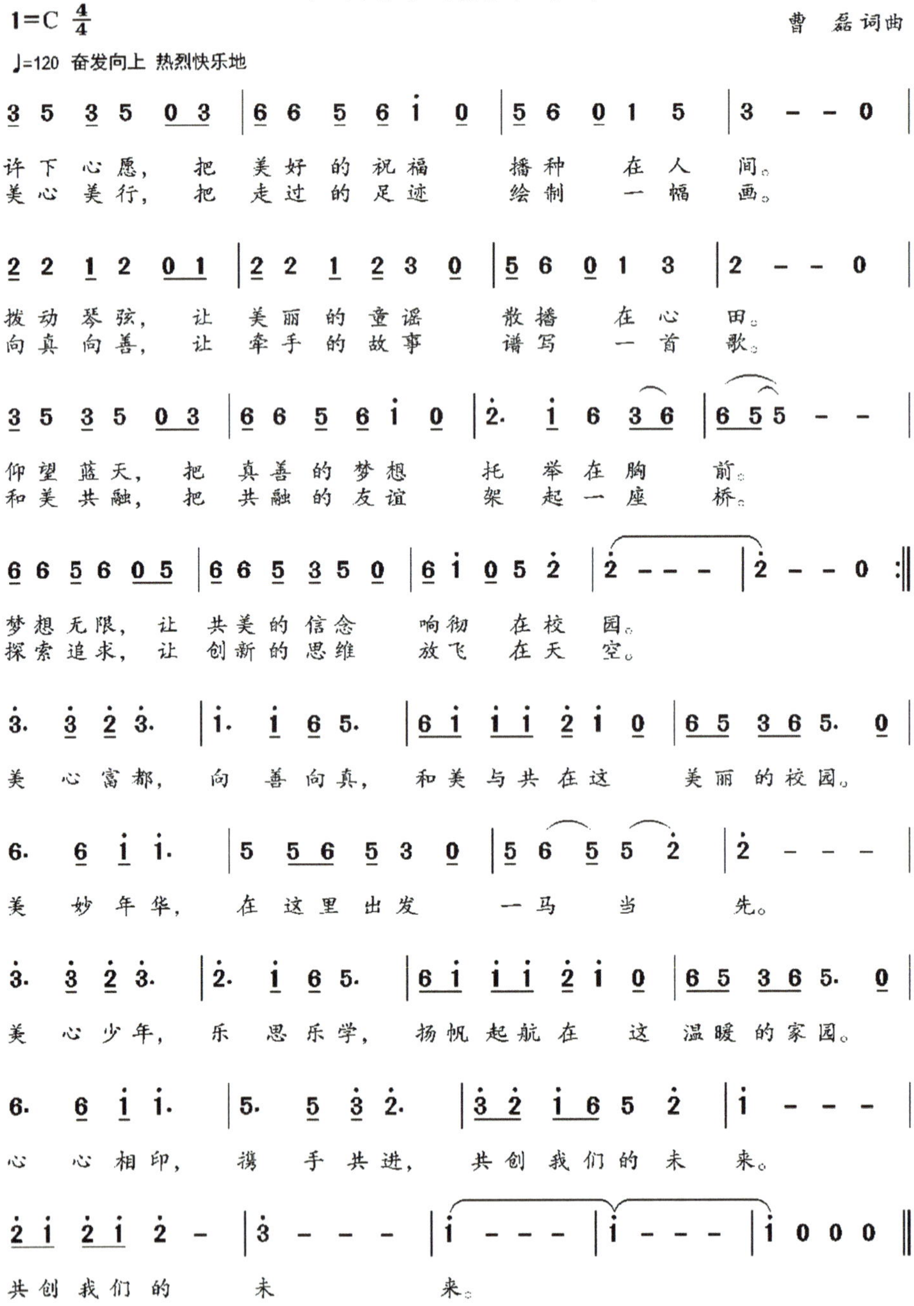

曹 磊 词曲

1=C 4/4

♩=120 奋发向上 热烈快乐地

3 5 3 5 0 3 | 6 6 5 6 i 0 | 5 6 0 1 5 | 3 - - 0 |

许下心愿，把美好的祝福　播种　在人　间。
美心美行，把走过的足迹　绘制　一幅　画。

2 2 1 2 0 1 | 2 2 1 2 3 0 | 5 6 0 1 3 | 2 - - 0 |

拨动琴弦，让美丽的童谣　散播　在心　田。
向真向善，让牵手的故事　谱写　一首　歌。

3 5 3 5 0 3 | 6 6 5 6 i 0 | 2. i 6 3 6 | 6 5 5 - - |

仰望蓝天，把真善的梦想　托举　在胸　前。
和美共融，把共融的友谊　架起　一座　桥。

6 6 5 6 0 5 | 6 6 5 3 5 0 | 6 i 0 5 2 | 2 - - - | 2 - - 0 :||

梦想无限，让共美的信念　响彻　在校　园。
探索追求，让创新的思维　放飞　在天　空。

3. 3 2 3. | i. i 6 5. | 6 i i i 2 i 0 | 6 5 3 6 5. 0 |

美心富都，向善向真，和美与共在这　美丽的校园。

6. 6 i i. | 5 5 6 5 3 0 | 5 6 5 5 2 | 2 - - - |

美妙年华，在这里出发　一马　当　先。

3. 3 2 3. | 2. i 6 5. | 6 i i i 2 i 0 | 6 5 3 6 5. 0 |

美心少年，乐思乐学，扬帆起航在　这温暖的家园。

6. 6 i i. | 5. 5 3 2. | 3 2 i 6 5 2 | i - - - |

心心相印，携手共进，共创我们的未　来。

2 i 2 i 2 - | 3 - - - | i - - - | i - - - | i 0 0 0 ||

共创我们的　未　来。

图1-2 富都小学校歌

第二节 "三生教育"模式的理论梳理

富都小学主张的"三生"模式，以生活体验为抓手、以生涯教育为载体、以生命教育为内核，旨在培养"快乐·自信·共融"的学生，提升学生的生命高度。那么何为"快乐·自信·共融"？具体来说，快乐指的是"快乐生活，快乐学习，幸福成长"，自信指的是"相信自己，筑梦人生，实现价值"，共融指的是"全情投入，互相支持，和谐共处"。

学校的"三生"模式的理论架构为：立足生活，重在育心；生涯规划，重在培能；关注生命，重在导行。这形成了心理健康教育"三生"模式的理论架构（图1-3）。通过体验式的教学形式，学校创设了符合学生实际的生活情境，引发学生的思考和感悟，达成对心灵的润泽；以生涯教育、生命教育为内容体系，培养学生的优良品质和多样能力；关注对学生积极心理品质的培养，促进学生积极行为的产生，提升学生的生命质量。

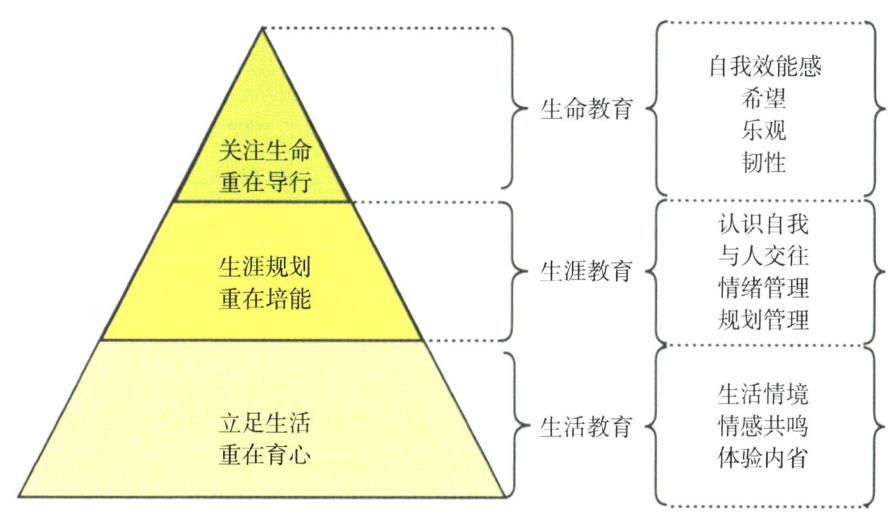

图1-3 心理健康教育"三生"模式的理论架构

学校以前人学者的重要教育理论和成果，包括马克思主义中关于人的全面发展的理论、唐纳德·E.舒伯的生涯发展理论、约翰·杜威的实用主义教育理论、马丁·塞利格曼的PERMA幸福模式，作为"三生"模式的理论根基，建立起本校心理健康教育"三生"模式的理论架构。

一、理论基础

（一）人的全面发展理论

不断促进人的全面发展是习近平新时代中国特色社会主义思想的重要内容，这是对马克思主义的继承和发展。马克思曾以共产主义理论为基础，在《1844年经济学哲学手稿》中阐述了人的全面发展思想。在马克思主义思想中，推动和实现人的全面发展是基本观点。马克思主义认为，人是指具体的人、社会中的人，而不是抽象的人，人是作为一个完整的人而出现的。人作为社会实践的主体，既被现实社会影响和塑造，也同时推动现实社会的发展和促进自身的发展。

关于人的全面发展，马克思主义强调的不是片面、畸形、不自由、不充分的发展，而是全面、和谐、自由、充分的发展。概括来说，人的全面发展包括两个方面：一是指体力和智力上的全面发展；二是指个性的自由、全面发展，也就是每个人的自主性、自觉性得到全面的发展。每个个体都保持着个体差异，社会也因此变得充满活力。正如习近平总书记所说："人，本质上就是文化的人，而不是'物化'的人；是能动的、全面的人，而不是僵化的、'单向度'的人。"①

延伸至教育，推动人的全面发展是社会主义教育的本质要求。早在1957年，我国就提出了社会主义教育方针——应该使受教育者在德育、智育、体育几方面都得到发展，成为有社会主义觉悟的有文化的劳动者。随后我国对教育方针持续优化，纠正了一些片面的教育价值观或教育现象，到2018年，习近平总书记在全国教育大会上提出"要努力构建德智体美劳全面培养的教育体系，形成更高水平的人才培养体系"。

"育人为本"是教育工作的核心，也是教育改革的核心。若要遵循"育人为本"的理念，就必须促进学生德育、智育、体育、美育、劳育"五育"全面发展。中国人民大学教授胡娟认为："只有'五育'并举，才能以一种全面的教育方式培养全面发展的人。五者尽管内容不同，但相互依存、相互制约、互为条件、不可分割。"②为此，重视学生生理素质、心理素质、思想道德素质和科学文

---

① 习近平.之江新语[M].杭州：浙江人民出版社，2007.
② 胡娟.推动人的全面发展是教育的时代使命[N].光明日报，2021-07-13(15).

化素质等的提升，通过营造良好的教育环境及氛围，使学生的个性得到充分的展示、丰富和发展，从而最终实现学生的健康、全面发展，成为"三生教育"的重要理论依据。

（二）生涯发展理论

"生涯是生活中各种事件的演进方向和历程，它统合了人的一生中的各种职业和生活角色，由此表现出个人独特的自我发展形态。"这是美国著名生涯发展研究者唐纳德·E.舒伯曾给"生涯"下的定义。

舒伯提出的生涯发展理论，将生涯发展阶段划分为成长、探索、建立、维持、衰退等5个阶段。其中，成长阶段（7~13岁）的主要任务是塑造自我形象，对职业产生好奇，逐步有意识地培养职业能力。这一阶段主要分成3个时期，其中属于小学的有2个时期：一是幻想期（7~13岁），以需求为主要的考虑因素，大多是通过外界感知到许多职业，对于自己觉得好玩和喜爱的职业充满幻想和进行模仿，角色扮演起着重要作用；二是兴趣期（11~12岁），以爱好为主要考虑因素，爱好是参与活动、发挥主观能动性的决定性因素。依据生涯发展理论，教育应针对不同年龄段的学生采取不同的生涯教育实施方式，如可以让幻想期的学生参与角色扮演等体验活动；可以为兴趣期的学生设置各种匹配他们兴趣爱好的校内及课外实践活动，帮助他们正视自己、了解自我，为以后的生涯发展做好准备。

此外，舒伯提出了"生涯彩虹图"（图1-4）的概念，认为一个人一生中扮演的许许多多角色就像彩虹同时具有许多色带。图1-4中最外的层面代表横跨一生的"生活广度"，又称为"大周期"，包括生涯发展的5个阶段；里面的各层面代表纵观上下的"生活空间"，由一组角色和职位组成，而各种角色之间是相互作用的。基于生涯彩虹图培养学生的生涯意识，有助于学生了解自身的发展状况，在成长过程中正确地对自身进行定位，积极地进行自我探索、作决定及接受现实的考验。生涯发展是一个终身发展的过程，学校通过生涯教育引导学生关注自身生命成长的历程和关注生命的质量，以培养担当民族复兴大任的时代新人。

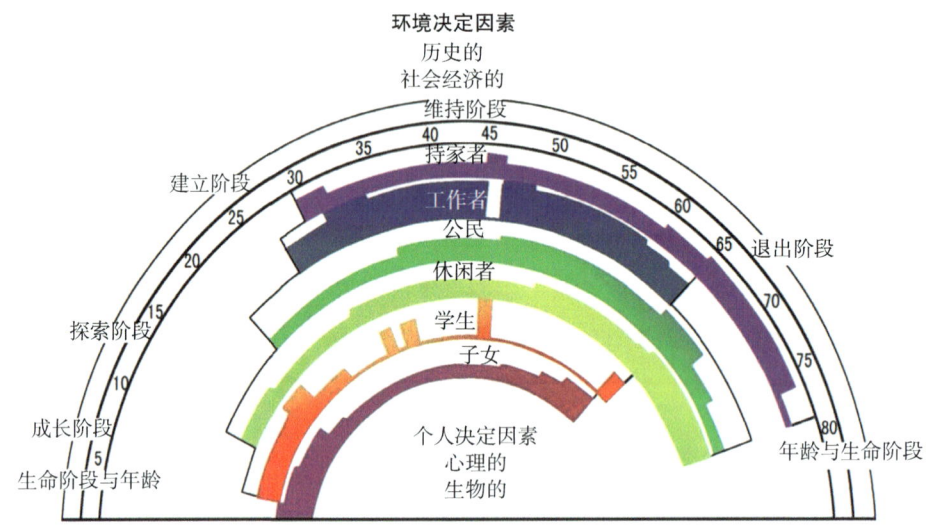

图1-4 生涯彩虹图

(三) 约翰·杜威的实用主义教育理论

美国教育学家约翰·杜威在其著作《民主主义与教育》中全面阐述了实用主义教育理论。该理论提出3个重要内容：教育即生长，教育即生活，教育即经验。关于"教育即生长"，杜威认为生长是向着一个后来的结果，逐渐向前发展的运动。从这个角度来看，教育的意义就是促进这种本能的生长。"教育即生活"，指的是教育应当与儿童的日常生活融为一体，不能脱离实际孤立地传授抽象的生活经验。"教育即经验"，指教育是经验的改造或改组，认为"经验"不只是知识的积累，还能促进构成人的身心的各种因素的全面改造和全面发展，强调经验积累过程中人的主动性。

基于实用主义教育理论，环境对人的教育有着极其重要的影响，学校教育离不开生活环境，儿童教育必须与所处环境相结合，并教会儿童习惯于所处的环境。并且，教育不单单是给儿童讲授已有的知识和经验的过程，更是让学生在实践中不断积累经验的过程，要"从做中学"，教师应为学生创造相应的场景或者实践的机会，从而达到教育的效果。因此，不管是生活教育、生涯教育还是生命教育，都应该注重把课堂教育的间接经验和实际生活环境中的直接体验相结合，通过各种与生活情境相符的体验和实践活动，引导学生热爱生活、探索生命、了解不同的职业生涯,增强学生的主动性和创造性。

(四)PERMA幸福模式

PERMA幸福模式是积极心理学创始人马丁·塞利格曼在《持续的幸福》一书中提出的。该模式包括积极情绪(positive emotion)、投入(engagement)、人际关系(relationship)、意义(meaning)和成就(accomplishment)等5个组成要素,认为全面的幸福一定是人在这几个维度上的充分的发挥、蓬勃发展、充分的体验和展示。该模式为幸福提供了可测量、可发展、可持续的具体领域,为积极心理学提供了关于幸福的理论框架。

幸福是创造力的心理源泉,基于PERMA幸福模式的5个要素,一般认为幸福的人有以下特征:一是具有积极的情绪和愉悦的心理活动;二是与人紧密相连、与生活紧密相关、与工作紧密相融;三是有积极的社会关系、坚强的社会网络,有经常可以获得的人与人之间的互动;四是会在自己的生活、工作中找到自己的意义所在;五是要有成就感,在自己的生活和职业中找到了值得欣赏的成果。为此,学校教育培养具有幸福感的学生,为的是让学生在积极、幸福的心理状态下进行创新创造,从而促使学生健康长远发展,进而推动社会的健康发展。

二、概念界定

(一)生活教育

生活教育最早源于杜威提出的实用主义教育理论的"教育即生活"。实用主义教育理论认为,教育应该就是儿童现在的生活过程。杜威在《民主主义与教育》中提到,为了践行"教育即生活"的教育理念,学校应该提倡"从做中学"的教育方法。

关于生活教育的理论研究,主要集中在亚洲和欧美地区。以日本为代表的亚洲国家主要是从理论的形成过程、思想内容、实际运用情况等方面开展研究;而以美国和德国为代表的欧美国家主要是从理论分析和比较的角度去解读生活教育理论的思想内涵、特点和价值。

在国内,生活教育理论是教育家陶行知在吸取西方教育思想精华后提出的,也是他结合国内情况开展生活教育实践后产生的思想结晶。教育家陶行知于20世纪提出了"生活即教育，社会即学校，教学做合一"的生活教育主张。他在1921年的题为《活的教育》的演讲中第一次明确提出了"生活教育"的概念：一是生活的教育，二是为生活而教育，三是为生活的提高、进步而教育。许多学者也在此基础上进行了更加深入和多元化的研究，并且形成了一定的研究成果。生活教育理论在小学阶段的应用，主要包括生活教育理论对学科教育的价值和启示、在生活教育理论指导下对学科教学策略的研究、生活教育理论在小学德育中的运用等。

学校生活是社会生活的一部分，是社会生活的起点，学生在学校里的学习、交往是为了帮助他们自己融入未来真实的社会生活，因此改造社会环境要从改造学校环境做起。与传统的课堂教育教学相比，生活教育更加注重培养学生的综合素质和实践能力，使学生能够在现实生活中应对各种挑战和问题。随着新课程改革的深入，在小学阶段实施生活教育，有两个目的：一是教育教学需要立足学生的实际生活，利用生活化的情景、形式、手段来使学生产生共鸣，指引学生学以致用；二是要教会学生基本的生存和生活技能，帮助学生掌握必备的核心能力，培养学生健康的生活情趣、乐观向上的生活态度等。

（二）生涯教育

关于生涯教育的定义，国际上，美国教育总署认为，生涯教育是一种综合性的教育计划，其重点放在人的全部生涯，即从幼儿园到成年，按照生涯认知、生涯探索、生涯定向、生涯准备、生涯熟练等步骤逐一实施，使学生获得谋生技能，并建立个人的生活形态。日本学者将生涯教育定位为使学生掌握就业相关的职业知识与技能，形成清晰明了的勤劳观与职业观，能够理解自己的个性，培养自主选择出路的能力与态度的教育。新西兰学者则将生涯教育定位为一系列有计划的、进步的学习经验，这些经验能够帮助学生提升自己的职业生涯管理能力，以便其更好地管理自己的人生。

关于生涯教育的研究和实践，国外一些国家很早就在小学阶段开始实施生涯教育，相关的研究成果比较丰富。在制度保障方面，日本在2007年的学校教育法中首次将职业生涯教育纳入小学教育目标体系。美国把小学生涯教育融入"学校—工作"的相关政策文件中。英国发布《生涯教育与工作相关教育框架》，指出生涯教育包括三方面的内容：一是通过生涯教育、职业教育及生涯相关教育促进自我提升；二是了解生涯与工作世界；三是培养与发展生涯管理技能与能力。关于小学生涯教育目标的制定，日本学者提出，职业生涯教育的目的是培养学生抗挫的能力、交流的能力、拥有梦想的能力、发现自我并完善的能力等7种能力；美国发布的《国家职业生涯发展指导方针》将小学的职业生涯教育的目标分为自我认知、教育和职业探索、生涯规划三个方面。在生涯教育的内容和实施形式上，各国形式多样，各不相同，主要包括小学生涯教育课堂教学、小学校外生涯教育活动以及小学生涯咨询与辅导三种形式。例如，美国以课堂教学以及"生涯日""模拟商店""模拟法庭"等形式开展生涯教育活动；英国重视小学的生涯教育渗透课，并且提出了ACEG生涯教育框架，设置生涯调解员，为学生提供个别指导和职业咨询；日本的生涯教育课堂教学活动被分成综合性成长活动和职业体验活动，通过"新体验计划"，组织开展志愿活动、采访活动等形式多样的实践活动。

目前，国内对生涯教育一词尚未形成统一的定义。有的学者认为，生涯教育是以发挥个体天赋才能为目标，通过生涯认知、生涯安置、生涯进展等步骤，使个体逐步明确自身兴趣和能力，明晰未来发展方向，形成自我引导和决策能力的一种有组织、有计划的教育活动。也有学者认为，生涯教育是一种帮助学生认识自我，树立未来发展远景目标并掌握实现目标的途径和方法，从而促进个人发展与未来职业、生活各方面要求相适应的教育活动。[1]笔者团队在研究和实践中，采用了刘新亚对生涯教育的定义，即生涯教育是以促进个体终身发展为基础的，有目的、有计划、有组织的教育活动，其目的在于培养个人对自我的正确认知，通过实践活动探索职业世界、发现个人优势，学会规划和管理自己的学习并初步规划自己的未来生涯发展。[2]

关于生涯教育的研究，国内针对中学、大学的研究比较多，且最近几年针对中学的研究呈快速增长的状态；而以小学为研究对象的生涯教育的研究较少，增长速度慢。其中，大部分研究集中在小学生涯教育现状、问题及对策上，而关于小学生涯教育实施内容与方式的研究很少。上海市教委在2018年颁布了《关于加强中小学生涯教育的指导意见》，指出小学阶段的生涯教育应该注重生涯启蒙，初步培养小学生终身学习和发展意识，并且提出生涯课程教

---

[1] 周露，邓宏宝.英国公立中学的生涯教育：为了每位学生的发展[J].教育参考，2023（1）：18-25.
[2] 刘新亚.小学生涯教育实施方式的现状调查研究——以石家庄市五所小学为例[D].石家庄：河北师范大学，2021.

学、学科渗透、班会课程、家校联系、团辅活动、生涯实践活动等一系列的生涯教育实施方式。山东青岛市教育局在2019年、2020年分别出台了《青岛市中小学生涯教育的指导意见（试行）》《关于开展职业启蒙和体验教育的指导意见》，明确了小学阶段要侧重生涯启蒙，主要通过观察、模仿、游戏等体验活动，引导学生发现兴趣爱好，初步建立自我认知，了解社会常见职业及需求，提高自我管理和人际交往的能力，建立对未来的好奇与向往，树立正向的生涯信念。

生涯教育是一个具有前瞻性的教育课题，是影响学生人生发展高度的关键所在，是实施素质教育的有效手段。在小学阶段开展生涯教育，可以根据学生的身心发展规律和特点，通过各种实施形式，引导学生更好地了解自我、发现自己的优势，掌握一些生活和职业技能，明确小学时期的生涯目标，为未来的生涯发展作准备。

（三）生命教育

生命教育的概念最早出现在西方国家，由美国学者杰·唐纳·华特士在1968年提出。在西方国家，生命教育最初是以死亡教育的形式提出的。为了帮助儿童追求生命的意义和价值，各国在开展生命教育探索的过程中产生了不同的观点。美国在小学生命教育的目标中规定，要注重道德和责任感的培养，关注每个人的生命，充分认识到生命的重要性；其主要内容包括道德教育、环保教育、劳动教育、爱的教育、诚信教育、职业与生存教育等。德国生命教育的内容主要集中在善良教育、环境保护、劳动技术等方面，其中"善良教育"主要是培养学生宽容待人的善良品质，目的是让青少年学会尊重生命。英国在部分学校开设了专门的生命教育课程，让学生学习关于生命的知识，主要内容涉及生存与死亡教育、性教育、节约与环保教育等方面，且让家长共同参与。日本关于生命教育的内容涉及吃苦教育、节约与实践力的培养、余裕教育、环境教育等方面，引导青少年珍惜生命、敬畏生命、热爱生命，充分认识生命的美好。

20世纪90年代起，我国的教育领域逐步开始探究生命教育。研究主要围绕以下几个方面进行：

（1）生命教育的内涵。一是把生命教育当作教育的内容来研究，如有的学者认为生命教育就是教人认识生命、保护生命、珍爱生命、欣赏生命、探索生命的意义、实现生命价值的活动；有的学者则按照内容层次把生命教育分成生存意识教育、生存能力教育和生命价值升华教育。二是从价值取向的角度来认识生命教育，即通过选择优良的教育方式，唤醒生命意识、开发生命潜能、提升生命质量、关注生命的整体性发展。

（2）生命教育的目标。有的学者将生命教育的目标定为：帮助学生认识生命、珍惜生命、尊重生命、热爱生命，提高生存技能，提升生命质量；也有学者对生命教育的目标进行了分层，将其具体归类成认知和技能目标、情意目标和行为目标三个层次。

（3）生命教育的内容和实施途径。大部分学者认为，生命教育的内容应该具有阶段性的特点，不同的年龄阶段对应不同的内容。小学阶段主要是引导学生初步了解自身的生长发育特点，初步树立正确的生命意识，养成健康的生活习惯。在实施途径方面，有的学者认为生命教育的实施应该是由家庭、学校、社会协同完成的。

（4）生命教育在课堂教学中的实施。比如有学者认为，生命教育课程设计的内容应该包括人与自我、人与他人、人与环境、人与宇宙四个方面。

关于生命教育的内涵，学者们有不同的研究见解，在综合前人研究的基础上，笔者团队较为认可的定义是：狭义的生命教育指的是对生命本身的关注，包括个人与他人的生命，进而扩展到一切自然生命；而广义的生命教育是一种全人类的教育，既包括对生命的关怀，也包括对人的生存能力的培养和生命价值的提升。正如肖川教授的观点，他认为生命教育的宗旨在于"捍卫生命的尊严，激发生命的潜能，提升生命的品质，实现生命的价值"[①]。也就是说，生命教育力图在教会学生保护自己、珍惜生命、尊重生命、敬畏生命的基础上，引导学生充分挖掘自身潜能、培养积极品质、实现自己的生命价值。

三、发展历程

富都小学研究与实践的"三生教育"是指生活教育、生涯教育、生命教育。然而，国内第一次出现"三生教育"概念时，"三生教育"指的是生活教育、生存教育、生命教育。可以看到，二者的不同之处是"生涯教育"与"生存教育"。为何不沿用"生存教育"呢？在回答这一问题前，我们先来看一下"三生教育"最早是如何提出的。

---

① 肖川.教育的使命与责任[M].长沙：岳麓书社，2007.

2008年3月，云南省基于地域生活环境的特殊性，开始推行"三生教育"，次年开始在全省各级各类学校（从幼儿园到大学）中全面实施。并且，云南省成立了"三生教育"研究中心，推行"三生教育"课程化、实践化、社会化。2010年，云南省教育厅编写出版了《教师"三生教育"手册》作为实施"三生教育"的培训教材和工作指南，围绕一个学期的教育教学工作，为教师规范性地实施"三生教育"提供了简明的实用工具。

《中共云南省委高校工委、云南省教育厅关于实施生命教育、生存教育、生活教育的决定》中明确了"三生教育"的定义，即通过教育的力量，使受教育者树立正确的生命观、生存观、生活观的主体认知和行为过程。《生命·生存·生活》教材的"编写说明"中也写明："要让同学们认知生命、珍爱生命、尊重生命；提高环境适应能力、生存能力、生活能力和创造能力；热爱生活、奋斗生活、幸福生活。"这些都对"三生教育"的内涵作出了阐述。

随着"三生教育"在云南省的全面实施，"三生教育"受到国内其他省、市的广泛关注，"三生教育"也逐渐从云南省走进了全国30多个省、市的有关地区和学校。甚至在2010年颁布的《国家中长期教育改革和发展规划纲要（2010—2020年）》中，明确提出了要"重视生命教育"，至此生命教育被放到国家层面。作为实施素质教育的新内容，"三生教育"发挥着以人的全面发展为核心的价值主义教育作用。

然而，没有任何一种教育理念是永恒不变的，"三生教育"也需要依据现实需求、社会背景变化、区域不同作出新的改变。云南省推行的"三生教育"中的生存教育，是通过开展一系列与生命保护和社会生存有关的教育活动和社会实践活动，向受教育者系统传授生存的知识和经验，有目的、有计划地培养学生的生存意识、生存能力和生存态度。这是基于云南省特殊的边境地理位置和生活环境所需提出的教育理念。随着当下新一轮教育改革的落地，新中考、新高考赋予学生更多的人生选择权，学生面临的现实问题不仅仅是生存方面的问题，长远来看还是整个生涯的发展问题。2014年发布的《教育部关于普通高中学业水平考试的实施意见》明确提出"要加强学生生涯发展指导"，生涯教育逐渐成为青少年，尤其是面临升学与就业挑战的初、高中学生的现实需求，是关乎学生未来发展和一生成就的重要命题。

受中考、高考的影响，生涯教育在中学阶段的研究与实施较多。但是，小学阶段作为学生的基础教育阶段,是学生学习生涯、成长生涯的起点,也是学生世界观、人生观和价值观形成的重要时期。在小学阶段对学生进行全面、系统、有计划的职业生涯引导是十分有必要的,这有助于推进以遵循学生生长发展的一般规律为前提的"小初高一体化"生涯教育体系的建设。例如,上海闵行区在2014年成立了闵行区生涯教育研究中心,自上而下地推进该地区生涯教育一体化的实践活动的开展。

基于以上思考,富都小学以客观、辩证的态度去看待已有的"三生教育"内涵及模式,坚持立德树人的根本任务,依据校情、学情,将"三生教育"校本化。在保留生活教育、生命教育的基础上,融生存教育于生活教育、生命教育之中,并加入了生涯教育,最终形成以生活教育、生涯教育、生命教育为主的心理健康教育"三生"模式。

第三节 "三生教育"模式的整体构建

构建一个可行性强的教育模式,不仅需要理论的支撑,还需要对其进行详细的规划。为更好地实施"三生"模式,让其切实地发挥育人效果,富都小学从顶层设计、环境、课程、活动、学科等多方面进行考量,力求构建适合学校和师生发展的心理健康教育模式。

一、顶层设计

(一)"三生"模式的内容架构

虽然生活教育、生涯教育、生命教育各有其内涵和范畴,但三者有交叉点,它主要聚焦在自我意识、自我保护、积极品质、能力培养这几个方面。因此,富都小学在构建"三生"模式的内容架构时,重点围绕以上几大方面进行设计,以"生活教育、生涯教育、生命教育"为学校心理健康教育的核心内容,又将核心内容具体分成"健康生活、生涯探索、幸福成长"三大系列,遵循"呈现生活情境—引发个人体验—促进分享交流—注重行为引导"四个维度的行动范式,关注学生的必备能力和积极品质,通过课程建设、环境建设、学科整合、活动融合等四条实施路径,培养"快乐·自信·共融"的学生,提升学生的幸福感,达到"培能育心、幸福成长"的心理健康教育效果(图1-5)。

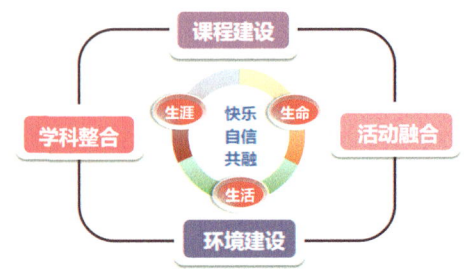

图1-5　心理健康教育"三生"模式内容架构图

(二)"三生"模式的实践目标

"三生"模式追求一个目标:培养"快乐·自信·共融"的学生。这包括三层含义,即:快乐生活,快乐学习,幸福成长;相信自己,筑梦人生,实现价值;全情投入,互相支持,和谐共处。

"三生"模式实践目标设定的理论基础为PERMA幸福模式。"快乐"对应的是"积极情绪","自信"对应"意义"和"成就","共融"则是对应"投入""人际关系"。"三生"模式以PERMA幸福模式为理论基础之一,引导学生拥有健康的心理状态,融入集体生活,享受蓬勃向上的人生。

(三)"三生"模式的核心内容

"三生"模式涵盖生活教育、生涯教育、生命教育三大核心内容,将生活化情景融入生活教育,引发学生对自身实际的思考,在生涯教育和生命教育中培养学生的积极心理品质,提升学生幸福感。

生活教育:帮助学生掌握基本的生活技能和生活礼仪,通过引导学生习得有益的兴趣爱好,培养学生健康的生活情趣和乐观的生活态度,激励学生积极向上、享受生活。

生涯教育:设计"自我认知、自我管理、职业体验"三大核心内容,帮助学生客观、全面地了解自己,提升学生自我管理能力,同时在帮助学生初步认识与体验多种职业的基础上,促使学生形成初步的职业认同感,从而在其心中播下一颗追求未来理想的种子。

生命教育:从自然生命、社会生命、精神生命三大维度开展教育,聚焦必备能力、积极品质、敬畏生命三大教育内容。其中,必备能力指的是情绪管理能力、人际交往能力、高效学习能力、适应性能力；积极品质主要是结合区域研究结果中小学阶段需要培养的7种品质（求知力、创造力、真诚、合作力、心灵触动、执着、信念与希望）进行培养；敬畏生命主要是引导学生学会自我保护、爱护生态，感受生命的美好与价值，珍爱生命，尊重生命。

（四）"三生"模式的实施路径

在实践路径上，"三生"模式通过专业课程开设、学科整合及活动融合三种途径，遵循"呈现生活情境—引发个人体验—促进分享交流—注重行为引导"四个维度的行动范式，引发学生对自身实际的思考进而使其获得内在体验。让学生在分享交流中将所思所悟内化成自觉的行为和行动，促使学生健康成长（图1-6）。

图1-6 心理健康教育"三生"模式的实践路径

基于生活教育、生涯教育和生命教育三大核心内容，富都小学从环境建设、课程建设、活动融合、学科整合这四条实施路径有序地开展学校心理健康教育工作，打造学校的品牌与特色，提升心理健康教育工作的实效性。

（五）"三生"模式的评价体系

"三生"模式以多维评价为宗旨，注重总体性评价、过程性评价和效果性评价，以提升学生的综合素养（图1-7）。在评价上，坚持以德为先、能力为

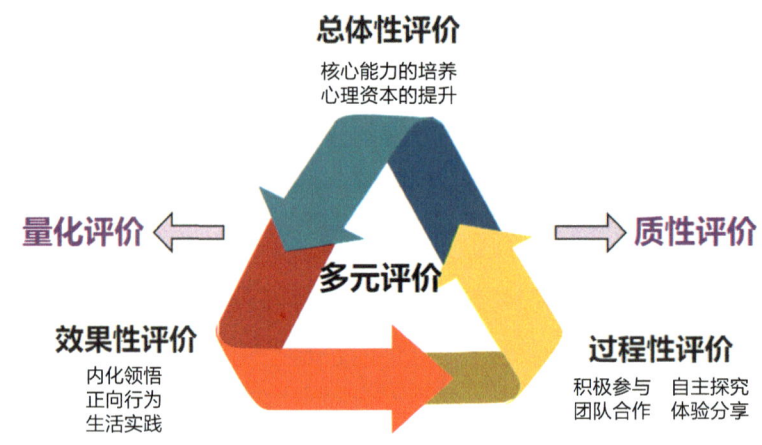

图1-7 心理健康教育"三生"模式的评价体系

重、"五育"融合、全面发展的原则,创新德、智、体、美、劳过程性评价办法,完善育人评价体系。在具体实施里,学校根据不同分类对"三生"模式教育成效进行评价,以《"幸福心灵"成长记录册》为载体,形成了多维的、全面的评价体系。

1. 按主体进行评价

具体分为教师评价、学生评价和家长评价。开展师生、家长访谈,在学生的活动感悟、积极变化等方面,体现"三生"模式的效果。在《"幸福心灵"成长记录册》设置了"我的收获""我的成果""老师的话""家长寄语"等板块,记录学生参加活动的过程与效果。

2. 按不同手段进行评价

具体包括质性评价和量化评价。其中,量化评价主要是利用"快乐感量表""青少年生活满意度量表"进行前测和后测,通过数据分析了解学生幸福感是否有显著差异,从而检验干预效果。质性评价主要是以《"幸福心灵"成长记录册》为载体,对学生的活动感悟、作品及成果的展示、学生活动过程中的突出表现、教师及家长对学生的良性评价等方面进行评价。

3. 按目的进行评价

包括诊断性评价、形成性评价、总结性评价。其中,诊断性评价主要是通过调查问卷了解学生在干预前的幸福感现状,以及通过教师、家长的反馈,从情绪、人际关系、投入、意义和成就这五大方面形成对学生的初始评价;形成性评价主要是在干预过程中,定期开展交流展示活动,动态掌握学生的变化;

总结性评价主要通过《"幸福心灵"成长记录册》实施，即通过问卷数据检验干预效果、开展个案研究，并综合学生、教师、家长的评价，了解学生的状态。

二、心育环境

校园环境是校园文化精神的物化形态，良好的校园环境能对学生的心灵成长起到潜移默化的作用，有助于改变学校的办学氛围。校园环境主要包括自然环境和精神环境，自然环境即客观的、外在的建筑构造，精神环境即融合校园精神文化的装饰。蒙台梭利认为，生命力的冲动是通过儿童的自发活动表现出来的，生命是活动的，只有通过活动才能发展，为了使儿童的生命力和个性通过活动得到表现、满足和发展，必须创造适宜的环境。[1]因此，富都小学实施"三生"模式的关键一步，就是打造与学校"美心教育"特色相适应的心理健康教育环境。

整体上，学校重点抓住"美心教育"的核心要素——"美"进行校园环境建设。关于美丽校园，我们认为，一个美丽学校最为重要的组成部件不是房子，也不是设施，更不是装饰，而是因学习目的而连接起来的师生情怀与文化追求。基于此，学校从"美心""幸福"这两大元素着手环境建设。"美心"元素是打造学校校园文化的主线，包括美心广场（图1-8）、美心之门、美心楼、美心石、美心吉祥物等；而蕴含"幸福"元素的环境氛围主要通过楼道文化建设进行营造。

概括而言，学校的校园文化布局是一个理念、两项特色、四大主题。一个理念就是"美好人生，从心开始"；两项特色就是"快乐足球""棋乐无穷"；四大主题就是"扬心善""促心健""启心智""塑美行"。校园文化建设让校园的时空充盈着"美心"文化气息，让每个角落都是一首"无声的歌"，让每个文化符号都美化师生的心灵。

在布局建设上，学校秉承"美好人生，从心开始"的办学理念，以墙体文化、媒介文化为载体，弘扬学校精神。学校建有美心楼（教学楼，图1-9）、美行楼（综合楼）、向真楼（体育楼）、向善楼（生活楼）、运动场等教育教学设施。

---

[1] 玛利亚·蒙台梭利.有吸收力的心灵［M］.高潮，薛杰，译.北京：中国发展出版社，2003.

图1-8 校园"美心"元素

图1-9 教学楼"美心楼"

除了室外环境外，学校还建有心理辅导室、资源教室等30多个功能室。其中，心理辅导室"心灵乐园"（图1-10）总面积约120平方米，有接待区、个体辅导室、团体活动室、放松室、阅读区，并配备了"心理健康动态预警系统"。资源教室（图1-11）于2017年9月建成，旨在为特殊学生提供有效的康复训练平台。

图1-10 心理辅导室"心灵乐园"

图1-11 资源教室

楼道文化上，学校以积极品质为核心，以"快乐·自信·共融"为主题，在不同年级的走廊和楼梯间设计了简明易懂、生动有趣的宣传画——心灵"画"语，如图1-12所示。心灵"画"语相关作品是通过校内心理绘本比赛征集的学生优秀作品。这些作品是学生基于自身对"快乐·自信·共融"的理解而自行创作的电子画，里面包含学校标志、学生的画与话。此外，校园心理宣

图1-12 楼道走廊宣传画

传栏、班级心理板报、风雨大厅、心理室、课室墙面,以及网站页面、微信推文等,都是学校校园心理健康教育环境建设的重要组成部分。通过环境建设,潜移默化地润泽学生心灵,给学生一种美的滋养。

在富都小学的校园里,洋溢着一种精神气息——一种勇于进取、大胆创新的气息,人们置身于其中时,能变得自信、兴奋、乐观、上进。学校遵循"美心美行、向善向真"的校训,尊重师生的需要,注重师生心理和行为的修养,为师生营造了积极进取、和谐共进的校园氛围,从而激活师生潜质和活力,形成积极向上、勇于挑战的精神风貌，将校园打造成一个精神高地。

三、课程建设

围绕"三生"模式内容，学校构建了"幸福心灵"课程架构（图1-13，表1-7），旨在培养学生的必备能力及积极心理品质，引导学生挖掘并利用自身潜能，促使学生身心和谐、幸福成长，达成"快乐·自信·共融"的目标。

图1-13 "幸福心灵"课程架构

该课程分成健康生活、生涯探索、幸福成长三大主题，主要通过心理课、班会课、综合实践活动课、劳动教育课，以及课后服务"430"个性化社团、校外研学实施。其中，健康生活篇主要是帮助学生掌握基本的生活技能，通过引导学生习得有益的兴趣爱好，培养学生健康的生活情趣和乐观的生活态度，激励学生积极向上、享受生活；生涯探索篇分为自我认知、自我管理、职业体验等三方面内容；幸福成长篇聚焦生命教育的内容，包含必备能力、积极品质、敬畏生命三方面内容。

表1-7 "幸福心灵"课程具体内容

健康生活篇	
生活技能	日常家务劳动技能；种植技能；服务技能；校园、家庭、社会基本礼仪；家庭教育指导
兴趣爱好	发掘、培养兴趣爱好；拒绝诱惑；善用网络

续表

乐观心态	抗挫力培养
生涯探索篇	
自我认知	性格与气质、优势与不足、理想与愿望、客观认识与悦纳自我
自我管理	自控力、时间管理、制定计划
职业体验	认识不同职业、职业价值观、职业模拟体验
幸福成长篇	
必备能力	情绪管理能力	情绪觉察与接纳、合理应对消极情绪、培养积极情绪
	人际交往能力	主动交友、表达与倾听；换位思考；团队合作；异性交往
	高效学习能力	有效目标的制定、学习动力、学习方法、学习压力应对
	适应性能力	入学准备、规则意识、习惯养成、升学准备、青春期教育
积极品质		求知力、创造力、真诚、合作力、心灵触动、执着、信念与希望
敬畏生命		自我保护，爱护生态，感受生命美好和价值，珍爱生命，尊重生命

"幸福心灵"课程根据学校年级的不同，将辅导用书分为低、中、高学段，共三册，每个学段辅导用书的主题相同但侧重点不同，根据学生的年龄特点层层递进，由浅入深。每本学生用书的开篇都是"写给小朋友的话"，用生动有趣的语言向学生介绍本册书的主要目标与内容，让学生对即将要学习的内容心中有数；在"健康生活""生涯探索""幸福成长"三个篇章的开端，各配有一个小故事、一篇歌词或者是一首小诗作为引入，让学生印象深刻；每一课由"幸福密语"（学习目标）、"幸福启程"（导入活动）、"幸福激荡"（主体活动）、"幸福飞扬"（课外拓展）和"幸福拾趣"（感悟分享）等五个环节组成，各环节规范有序、紧扣课程主题。

关于课程实施，健康生活篇的"生活技能"主要与学科整合，通过劳动教育课程"小厨房，大世界"、劳动大比拼、劳动周实施；而"兴趣爱好""乐观心态"分别设计2课时，利用心理课、综合实践活动课实施。生涯探索系列共设计12课时，利用心理课、综合实践活动课、班会、课后服务"430"个性化社团、校外研学等形式实施。幸福成长篇共设计8课时，主要在心理课、班会课实施。

四、活动融合

开展活动是富都小学"三生"模式具体实施的主要手段，学生可以在活动中得到真实体验，在活动中去观察、去感受、去收获。"三生"模式下的活动融合就是把生活教育、生涯教育、生命教育与学校特色活动相融合，常态化、系列化地开展"幸福教育"活动，将活动变成课堂教学的深化和延伸。目前，学校开展了团体心理辅导活动、心理趣味游园会、课后服务"430"个性化社团活动、"小小职业体验师"研学活动、"美心"家长大讲坛、少先队专题活动等。

第一，团体心理辅导活动。团体心理辅导活动是依据团体动力学理论而进行的活动形式。团体动力学理论由美国心理学家库尔特·勒温提出，该理论认为，团体不单单是各个个体的集合，更是一个动态的系统，其中每个成员的行为和态度都受到团体氛围和其他成员的影响。在校园活动中，同班同学之间的人际关系是学生接触最密切的人际关系，具有天然的团体属性。并且，教师、家长也是组成校园团体的成员。如果学校能充分将学生、教师、家长三方凝聚起来，形成一个积极向上的团体，那么校园里就会充满正能量。

针对学生、教师和家长，富都小学以"阳光少年""幸福教师""智慧家长"为目标，通过团体心理辅导活动提高学生的心理素质，提升教师的沟通合作能力、情绪管理能力，促使家长能有效地进行亲子沟通，促进亲子关系和谐发展。通过开展相关活动，让学生在和谐的团体氛围里，以轻松、愉悦、开放的心态参与到游戏中，并将在游戏活动中得到的体验和感悟内化成自觉行为，从而培养其必备品质和关键能力。例如，学校开展过的团体心理辅导活动包括"凝心聚力，携手同行"大队委团体心理辅导活动、"凝聚班级，齐乐无比"班级团体心理辅导活动、"有效沟通，合作共赢"班级团体心理辅导活动、"走进自然，亲子共融"团体心理辅导活动、"阳光运动，幸福教师"团体心理辅导活动等。这些团体心理辅导活动都取得了较好的效果。

第二，心理趣味游园会。学校每年会结合"5·25"心理健康活动日，开展与生命教育、生涯教育相关的心理趣味游园会，让学生在环环相扣的闯关活动中学到知识、有所感悟。例如，学校开展过"看见生命，绽放童心""激活生命能量，共创幸福未来""职业'心'体验，幸福创未来"等主题游园会活动。学校通过丰富多彩的闯关体验活动，提高学生对生命的认知能力，让学生感悟生命的美好，收获和形成对各种职业的认识以及自身未来的理想与规划，进而培养积极心理，促进人格的健全发展。

第三，课后服务"430"个性化社团活动。课后服务"430"个性化社团活动是在"双减"政策指导下，结合学校原有的个性化社团活动而形成的，是对学校办学的延伸与补充。它旨在丰富学生的校园生活，立足于学生素质培养，着眼于学生的未来发展，进而提高学生的综合素质。因此，学校结合职业分类，开设了涵盖科技类、语言类、艺术类、思维类、运动类等的丰富多彩的个性化课程，让学生在课程中了解相关职业要素，培养兴趣爱好，发掘潜能，增强自信，提升幸福感。

第四，"小小职业体验师"研学活动。生活教育和生涯教育不能只是纸上谈兵，一定要创设条件让学生有机会去亲身实践和体验。为此，学校努力争取家长的支持，充分利用家长资源，在校外开展丰富多彩的职业体验活动。在家长的带领下，学生进入商场、地铁站、诊所、餐馆、蛋糕店、博物馆、派出所等不同的工作场所，感受各行各业的职业文化，了解各种职业的意义和职责，收获研学硕果。每一次的体验，都让学生感受到了每一份职业都是不容易的，是值得尊重的；在这个过程中，学生也不断地发现自己的兴趣爱好和潜能，在心里萌发了对未来职业的憧憬。

第五，"美心"家长大讲坛。教育并非学校单打独斗的事业，采用家校共育的方式，能够弥补学校教育的不足，形成教育合力。学校结合"三生"模式，联合德育处开展"美心"家长大讲坛活动，邀请家长走进课堂，给学生开展生活技能、职业介绍、珍爱生命等主题的讲授课，拓宽学生的视野，让学生可以接触到在课本中学习不到的知识和技能。同时，"美心"家长大讲坛的形式能拉近学生与家长之间的距离，让学生更加了解家长的工作，增加双方之间的理解、尊重。

第六，少先队专题活动。少先队活动是学校德育的重要组成部分，具有政治性、儿童性、教育性，是宣传和践行社会主义核心价值观的重要载体。自2012年少先队活动成了国家规定的、必修的活动课以来，少先队活动就逐渐成为一门课程内容。学校结合少先队工作，在全校积极开展少先队专题活动，通过设计有针对性的主题和开展多样化的活动形式，如"争做新时代好队员"

队日活动、爱心志愿者活动、义卖活动等，帮助少先队员们了解社会、增长知识、锻炼能力。在主题活动中，少先队员们可以充分发挥主动性和创造性，与同伴们一起探索、实践、体验，从而培养良好的团队合作精神和自主提升意识。

五、学科整合

随着教育方式的革新，传统学科单一的教学模式逐渐走向跨学科的综合教学模式。学科整合是指在教学过程中将两个或多个学科有机结合，促使学生跳出学科的边界，培养学生综合运用知识、技能的意识，实现促进学生的跨学科思维和综合能力发展的目的。

富都小学"三生"模式进行的学科整合，即是对劳动教育、艺术教育这两大学科进行整合。除了在全学科进行心理健康教育元素的挖掘与整合外，学校重点将心理健康教育与劳动教育、艺术教育两大学科进行整合。在劳动教育方面，以"双师"课堂的形式，即以"教师+家长"的组合形式在"小厨房"开展相关的职业体验；在艺术教育方面，主要体现在开展特色艺术活动——"美心达人Show"。

一是与劳动教育整合。学校的劳动教育以岭南饮食文化为依托，建立了校内劳动实践场所"小厨房"，创设了"小厨房，大世界"系列劳动教育活动。结合生活教育、生涯教育、生命教育，我们以"小厨房"为切入口，开展与食材种植和烹饪技巧，厨房器具的使用和清洁技巧，饮食及名厨故事等相关的各种职业介绍，让学生在开展劳动教育活动的过程中，既能学到简单的生活技能，又能加深对餐饮行业相关职业的认识，并且引导学生在食材种植、名人故事了解、美味分享等的过程中感受生活的美好。除了安排劳动教育教师在课堂上进行相关的知识技能讲授以外，学校还以"双师"课堂的形式在"小厨房"开展相关的职业体验。在课堂上，老师会先介绍某一个职业的属性、所需的基本能力及必备品质、工作价值、工作前景等，然后现场教授学生该职业的某一技能。在课外，学校采用"学校+班级"相结合的方式组织校外研学活动，让学生在收获知识和快乐的同时，心灵也得到了滋养和润泽。

二是与艺术教育整合，主要体现在特色活动"美心达人Show"上，这是富都学子每周必备且最为期盼的活动。每逢周一的升旗仪式，学生可以在学校

"美心"小舞台上对着全校同学进行才艺展示。学生们展示的内容形式多样、各具特色,例如唱歌、跳舞、器乐表演、诗歌朗诵、跆拳道、花式轮滑、传统文化解说、啦啦操……学校会给每位参与活动的学生颁发一张"美心小达人"的证书,增强学生对该项活动的仪式感,提升学生的幸福感。通过"美心达人Show"这个平台,学生可以充分展示自己的优势和特长。同时,这个平台也有助于培养学生自信、乐观的心态,提升学生的自我价值,做好学生对未来职业的初步启蒙,给学生心里播下一颗职业的种子。

第二章

健康生活：生活教育

> 教育要通过生活才能发出力量而成为真正的教育。
>
> ——陶行知

第一节　生活教育课程体系的构建

生活是一切教育的起点，正如陶行知所言："教育要通过生活才能发出力量而成为真正的教育。"在办学过程中，富都小学始终秉持着"美好人生，从心开始"的办学理念，落实《教育部关于全面深化课程改革落实立德树人根本任务的意见》文件的精神，不断加强课程建设，优化课堂教学模式，扎根于生活，进行融合式教学。

在生活教育课程体系的构建上，学校以劳动课程和礼仪课程为抓手，打造具有"美心"特色的实践活动"大课堂"。"大课堂"重点在"生活化、体验式、项目化、探究式"上下功夫，重在实践探究，让学生通过亲身劳动、出力流汗，在真实化的生活情境中探寻、历练、成长，成为生活和学习的主人，从而培养出有担当、会担当、能担当的堂堂正正的中国人。

开展生活教育是落实《国家中长期教育改革和发展规划纲要（2010—2020年）》提出的"育人为本，立德树人"要求的必由之路。其中，劳动教育对于落实新时代立德树人的教育要求具有重要意义。习近平总书记曾在全国教育大会上强调："要在学生中弘扬劳动精神，教育引导学生崇尚劳动、尊重劳动，懂得劳动最光荣、劳动最崇高、劳动最伟大、劳动最美丽的道理，长大后能够辛勤劳动、诚实劳动、创造性劳动。"为此，学校坚持将教育与生活劳动、生产劳动相结合，从劳动观念、劳动态度、劳动习惯、劳动情感、劳动技能、劳动思维等方面入手，培养学生多方面的素质和能力。而礼仪教育旨在使学生养成律己、敬人的行为规范，掌握与他人相处和沟通的技巧。"不学礼，无以立"，一个人如果不学习和践行"礼"，就难以很好地融入社会。因此，抓住礼仪课程，也就抓住了生活教育的基础层面。

一言以蔽之，为构建生活教育课程体系，学校要遵循把握好育人导向、遵循教育规律、体现时代特征、强化综合实施、坚持因地制宜、坚持有机融入、坚持实际体验等原则，整合学校、家庭、社会等各方面力量，为学生打造一个真实有趣的生活教育场景。

一、课程目标

通过劳动课程，全面提高富都学子的劳动素养，使学生树立劳动最光荣、劳动最崇高、劳动最伟大、劳动最美丽的观念；体会劳动创造美好生活、劳动不分贵贱的观念，懂得热爱劳动、尊重劳动者，培养勤俭、奋斗、创新、奉献的劳动精神；形成良好的劳动习惯和品质，实现树德、增智、强体、育美的目的。其中，学校创设的"小厨房，大世界"劳动教育活动将课堂搬出学校，紧密联系学生生活实际，用学生身边随处可见、十分熟悉的事物作为探索的载体，让学生在生活实践中拓宽视野、丰富知识，培养学生生活和劳动技能。

通过礼仪课程，充实学生的礼仪知识，规范学生的言行举止，培养学生良好的行为习惯，让学生懂得自尊自爱、尊重他人、与人友好相处，提高学生的礼仪素养，为学生的全面发展奠定坚实基础。通过课程学习，学生能自觉地把礼仪运用到学习、生活的各个细节中，从而切实提高自身的思想道德素养，改变自身的精神面貌，进而改变整个学校的道德风貌。

二、课程实施

（一）加强理论学习，提升理论素养

思想是行动的先导，理论是实践的指南。在课程实施之前，需先加强劳动教师对理论的学习，从育人本位充分解读劳动课程标准的内涵和育人功能，明确课程地位和性质、课程目标和内容。然后在理论学习的基础上，课程立足素养培养，针对番禺地域特色，开发有利于学生发展的案例，达到重心下移、实

践育人效果。

（二）规范课程实施，学科有机渗透

严格按照上级文件要求，保证劳动教育必修课程开足、开齐。建立和完善"课表见课程、课堂见落实、课后有反思"系列化实施机制。继续强化教师培训，明确课型和教学范式，要求备课有学期规划或计划，重视对研究性学习能力的指导，重视对劳动过程的讲解、对劳动技能的淬炼，并结合岭南特色开发劳动教育课例，在实践—反思—再实践的基础上形成课程群。

同时，在其他学科教育中有效渗透关于礼仪观念以及劳动观念、劳动态度、劳动美德、劳动方法的教育内容，并结合综合实践课有机地融入生活教育内容，在语文、数学、道德与法治等学科教学中加强对劳动观念和态度的培养。

（三）创新研训方式，注重教学实效

利用"互联网+"的教学手段，打破学科界限，拓宽学习时空，帮助教师更有效地交流学习。在实际教学中，结合番禺区"融·乐"课堂、希沃白板、粤教翔云等平台，开展"双师"课堂、新教材网络培训、网络优质课观课评课等活动，促进教师信息素养和课堂能力的提升。

（四）整合课程研究，促进多元发展

重点加强生命教育、公民教育、绿色教育、少先队专题活动等项目在劳动教育课程中的有效渗透和融合。年级教研组根据学生自身发展需要，有选择地开展相关活动，逐步创建和形成年级劳动活动课程与教学特色。

（五）注重课题研究，提高科研能力

积极推进省级课题、区级课题进课堂的课例研究，通过1～2次课例研究展示研究过程。积极总结、反思课题课例实施的经验，鼓励学校教师踊跃撰写论文进行投稿，丰富课题研究成效，从研究中发现新角度、新办法，从实践中获得成果。

（六）"校家社"形成合力，协同推进实施

1. 开展校内劳动

学校是对学生进行劳动教育的最重要的场所，在劳动教育中起着主导作用。因此，学校重视在常规工作中渗透劳动教育，包括组织学生做好值日，增

强学生的责任感和主人翁意识；开展符合学生实际的劳动竞赛活动，提高学生劳动意识和劳动技能。另外，还成立与劳动有关的兴趣小组、社团，开展手工制作、室内装饰、班务整理等实践活动；进行"爱学校集体劳动"教育，积极组织学生参与校园卫生保洁和绿化美化环境行动，普及校园种植技术，开辟专门区域种植花草树木或农作物，让班级或学生认领绿植或"责任田"并精心呵护。通过这些劳动实践，让学生在为集体、为他人服务的过程中体验劳动的快乐，培养学生尊重劳动、热爱劳动、以劳动为荣的观念和态度。

2. 社会实践活动

社会实践活动在素质教育中具有重要地位，是课堂教学的延伸，不仅有利于学生实际应用在学校里所学的知识，还有利于学生心理素质的提升。学校积极发展与社会实践有关的志愿者组织、学生社团、兴趣小组等，引导学生走出校门、走进社会，接触基层劳动者，在社会实践活动中树立正确的劳动观，同时锤炼学生的坚强意志，培养学生的团队合作精神和社会责任感。学校结合实际情况，利用"学雷锋活动日""志愿者日""劳动节""元旦""春节"等节日，组织学生参加各种有益的社会实践活动，鼓励学生帮助家长进行适当的农业生产劳动，使学生通过实践获得一定的生活劳动技能和劳动知识，培养学生以劳动为荣的观念和态度，促使学生养成良好的生活、劳动习惯。

3. 鼓励参与家务劳动

家庭是劳动教育实施的主阵地，参与家务劳动是学生认识和熟悉所处的生活环境和社会环境的重要途径。学校扎实开展"一周一主题"家务劳动，适量地安排家庭劳动作业（如洗碗、扫地、洗衣、整理房间等），通过劳动清单、"劳动存折"记录学生劳动过程，鼓励学生积极参与劳动。在家务劳动过程中，学生能够吸纳各种积极健康的道德观念，逐渐理解父母为家庭所做的辛勤付出，学会关心、体谅父母和他人，懂得尊重别人的劳动果实。这有利于增强学生的家庭责任感，助推学生的成长发展，从而让学生更好地承担社会责任。

4. 借助数字化平台

当前，数字技术在教育领域的影响越来越显著，数字化平台成为学校实施教育的重要工具。因此，学校积极利用微信群、微信公众号、视频号等渠道，设立了网上"家校共育讲堂"与"家校共育专栏"，通过讲堂将优秀的家庭教育讲座推荐给家长，同时在专栏上发布与家庭教育相关的文章，系统性地将先进的教育理念和方法传递给家长，为"家校共育"提供科学的理论指导，从而推动"家校共育"工作健康发展。而在班级层面学校则借助电子班牌设备、班级群以及"班级优化大师"App等，将学生的日常表现、常规评比、争优创先等情况及时发送到各个班级群，使表现优异的学生在班集体中树立榜样力量，让教师和家长能实时看到学生的表现，然后有针对性地进行教育。学校、家庭共同关注学生成长，形成学校、家庭两位一体的"爱的教育圈"，逐步培养学生良好的行为习惯。

5. 建立"家校共育"资源库

"家校共育"资源库由学校主导，学校和家长共同参与，共同建设，以实现资源共享、共生、共赢的目标。教师、家长可以进入网络资源库，了解学生在校、在家的生活学习动态，也可以依据自己的需求到资源库中调取相关的资源进行学习，实现教育资源库的全方面共享性，提高资源库的服务能力。

（七）建立长效机制，开辟多样场所

加强统筹规划，拓展协同育人路径，是强化学校、家庭、社会三位一体劳动教育综合实施的长效机制。学校、家庭、社会是生活教育不可或缺的重要部分，各自承担着不可替代的生活教育责任。构建学校、家庭、社会生活教育三位一体的教育网络服务支持体系，就是在发挥学校生活教育主导作用的基础上，充分挖掘家庭和社会的生活教育功能和资源，多渠道开辟实践场所，在共同生活教育目标的指引下，相互协同、相互促进、共生发展，构建有机的生活教育生态系统。

三、课程评价

从生活教育课程整体出发，学校建立了"学校、家庭、社会、学生"四位一体的评价策略，通过"学生自评→学生互评→教师评价→家长评价→基地、社区评价"，进行导向性、激励性、促进性的弹性评价。

针对劳动课程，学校尊重学生的成长规律，从劳动观念、劳动技能、劳动习惯、劳动情感四大评价维度建立了动态考核评价机制（表2-1），引导学生真实学习、真实实践、真实探究、真实创造，在劳动过程中把观察、阅读、数据采集，以及资料检索、研究设计、作品创制、沟通协作、问题解决、创新创造等融为一体，有效地让学生懂得了热爱劳动、辛勤劳动、诚实劳动、创造性劳动的意义。

表2-1 劳动课程评价维度内容

维度	评价内容		
	一、二年级	三、四年级	五、六年级
劳动观念	1）能寻找身边的劳动榜样，向他们学习，知道劳动最光荣； 2）热爱劳动，懂得自己的事情自己做	1）初步体验劳动过程的不易和创造劳动成果的喜悦； 2）知道用力所能及的劳动回报集体和社会，做到保护和尊重他人劳动成果	1）能寻访劳动模范和先进工作者，了解其劳动精神并学习； 2）家务劳动我能行； 3）知道要动手动脑、开拓创新
劳动技能	1）自己的事情自己做，坚持参加自我服务劳动，学会使用、清洁、整理和保管生活用品、学习用品； 2）初步承担一些力所能及的家务劳动、校内外劳动； 3）认识、了解岭南佳果、岭南食材、岭南器皿、广府凉茶、广府粥、广府汤等	1）能认识简单的劳动工具，初步学会一些简单的家务劳动、校内和校外劳动，如叠衣服、洗碗、钉扣子； 2）尝试在家长陪同下完成家常小菜制作，分享广府甜品、广府名菜、粤式早茶	1）学会安全使用与维护家用电器的知识； 2）利用工具安全、有效地设计与制作一些物品、模型，如厨房小装饰品设计、厨房用品小发明
劳动习惯	自己的事情自己做，主动参与集体劳动、社会劳动	学会勤俭节约，珍惜劳动成果	推己及人，带动身边的人一同进行社会服务
劳动情感	对能够自己完成的事情尽力做，踏实地完成	1）能够主动地进行社会劳动，为他人分担困难； 2）能够做到在集体社会劳动时互相帮助，集体的事情抢着干	1）要有主人翁意识，主动进行社会服务，为社会尽一份力； 2）有进取和创新意识，在提供社会服务时拥有社会责任感

针对礼仪课程，学校将综合德育礼仪评价分成三个部分：日常德育评价、校内主题活动评价、校外特色活动评价。其中，少先队开展的每月一主题的系

列德育活动，依照具体内容，评价者可以是班主任、任课教师、值日教师、值日班长、红领巾监督员。评价者根据学生在课堂上、校园内的日常行为表现进行打分。打分完成后，在学校公告栏公布评分结果，增强评价的实效性。

对教师，主要依据教师日常的授课情况、在学生生活教育方面的获奖情况，以及教师学期末上交的生活教育案例等进行考核。对于在考核中表现有待提升的教师，学校会以结对的方式带动教师们共同成长。同时，为了激发教师参加生活教育活动的积极性和主动性，学校也制定了相应的激励和保障机制。例如，科长每月会有岗位补贴，同时其工作量可以折算为课时量；生活教育教师享受与其他教师一样的期末百分奖加分，并且分数可与其原本学科分数累加等。

四、课程保障

一方面，是工作机制的保障。第一，为了有效推进学校生活教育的开展，学校成立了以校长为组长的生活教育工作小组，自上而下地推动工作的开展。同时成立生活教育教研组，保障教研活动的顺利开展。第二，为了更好地落实校内外各项教育活动，最大限度地保障师生在活动过程中的安全，学校制定了《市桥富都小学劳动工具安全使用制度》《市桥富都小学小厨房管理制度》《市桥富都小学校外实践活动安全预案》等制度和措施，从多方面保障劳动教育的有序开展。

另一方面，是学校硬件、软件的保障。第一，开辟校园内劳动实践场地，如厨房实践室、班级护绿角、校园种植带、班级保洁区、少先队阅读长廊整理区、AI创新体验室等。第二，布置校园内环境。学校充分利用楼道的弯道位置，张贴与生活教育知识相关的宣传海报；在班级、走廊等悬挂宣传画，例如劳动模范照片及其简介，学生以"劳动最光荣、劳动最美丽"、集会礼仪、餐桌礼仪等为主题内容设计的绘画、手抄报等；开辟生活教育宣传专栏——"最美的瞬间"，用于展示、记录学生的剪影等。第三，整合家庭、社区等各方资源。劳动教育、礼仪教育离不开家庭的支持，因此在推行生活教育的过程中，要家校共育，学校创造条件对家长开展生活教育宣导工作，充分调动家长参与的积极性，用好家长资源，拓宽教育途径，巩固提升教育效果。此外，加强学校与社区之间的联系互动，建立校外劳动基地，有效地开展校外劳动教育。第四，培养劳动教育师资队伍，提升教师队伍的劳动教育素养。

第二节 劳动课程：小厨房，大世界

"人世间的一切幸福都需要靠辛勤的劳动来创造。"劳动是推动人类社会进步的根本力量，是人民美好生活的源泉。劳动教育是我国教育体系的重要内容，是学生成长的必要途径，具有树德、增智、强体、育美的综合育人价值，是培养社会主义有用人才和时代新人的重要手段。中华人民共和国教育部、共青团中央、全国少工委印发的《教育部 共青团中央 全国少工委关于加强中小学劳动教育的意见》指出，劳动教育是实施素质教育的重要内容，是培育和践行社会主义核心价值观的有效途径。《广州市中小学劳动教育指导纲要》指出，要创新劳动教育模式和方式，帮助学生形成正确的劳动观念、养成良好的劳动习惯、掌握必备的劳动技能和训练创造性的劳动思维。为此，学校开展劳动教育，既要保证学生参加日常生活劳动、生产劳动和服务性劳动，也要结合校本实际，开拓具有校本特色的劳动教育途径，培养学生的劳动创造思维。

为让劳动教育与德育、心育有机整合，从而达到"立德树人，劳动正心"的教育效果，富都小学在番禺区印发的《关于加强中小学文化德育的工作的指导意见》指引下，秉承"美好人生，从心开始"的办学理念和"扬心善、促心健、启心智、塑美行"的办学目标，将劳动教育与文化德育相结合，在开展劳动教育的过程中借助优秀传统文化的力量，以创新为经，以行动为纬，创设了"小厨房，大世界"校本劳动课程。学校在不同场域、不同空间营造学生劳动的场景与情境，丰富和拓展劳动教育的载体和路径，以培养学生热爱劳动、珍惜劳动成果的良好品德，增强学生的实践能力和综合素质。

为使"小厨房，大世界"校本劳动课程更具科学性、地域性，学校将《岭南膳食模式》作为校本课程的营养学指引。《岭南膳食模式》是由广东省营养学会牵头并组织专家在总结岭南地区居民传统饮食特点、结合现代循证营养健康证据的基础上制定的，是全国首个成文发布的区域性膳食模式。"岭南膳食模式"具体为：①食材广博，搭配合理；②蔬菜足量，水果丰富；③水产充足，肉禽蛋奶适量；④豆常有，全谷坚果不缺；⑤饮食清鲜，少盐少油；⑥喝茶多，饮酒少；⑦多蒸煮快炒，少煎炸腌制；⑧喝早茶，常煲汤，重食养。

一、课程目标

学校开展劳动教育系列活动及课程，打造学校特色劳动教育，力求达到"一人一个好习惯、一人一手好技能、一人一颗好善心"的劳动教育目标，为学生的幸福人生"打好底色"。

目标一：让学生获得丰富的劳动实践经验，形成正确的劳动观念，养成良好的劳动习惯，掌握必备的劳动技能和训练创造性的劳动思维，传承和弘扬中华民族勤劳奋斗、乐于奉献的优良传统。

目标二：激发学生的好奇心，增强学生的自信，让学生学会创新、欣赏和感恩，培养学生的积极心理品质和健全的人格品质，让每一个学生在劳动教育的路上成就幸福的人生。

目标三：将劳动教育与优秀文化相结合，让学生感知岭南文化的博大精深，体验岭南的地域文化和人文文化，增强学生的文化自信，培养学生爱家、爱国的情怀，提升学生自豪感与幸福感，为学生成为时代新人和有用人才夯实素养基础。

二、课程原则

第一，价值导向性。在劳动教育中，加强对学生的思想道德品质及世界观、人生观、价值观的教育，提高学生的道德修养，促进学生形成健全的人格和良好的道德品质，夯实"幸福生活建立于辛勤劳动之上"的理念。

第二，实践体验性。让学生亲身经历劳动实践的过程，在劳动中出力流汗、接受锻炼、磨炼意志，体验劳动的艰辛和乐趣，分享劳动的成果和喜悦，学习劳动技能，养成劳动习惯，提高动手能力和发现问题、解决问题的能力。

第三，资源整合性。劳动教育实施的主要途径是综合实践活动课程，要在把握好主阵地的基础上，充分挖掘劳动教育的其他途径和资源，并将这些途径和资源与劳动教育进行整合，具体包括劳动教育与学科整合、劳动教育与家庭教育整合、劳动教育与社区活动整合、劳动教育与地方民俗特色整合等。

第四，合理适度性。根据学生的年龄特征、性别差异、身体状况等特点，选择合适的劳动项目和内容，安排适度的劳动时间和强度，做好劳动保护，确保学生人身安全。

三、课程管理

第一,组织保障。学校制定《番禺区市桥富都小学劳动教育实施方案》,成立以校长为组长的劳动教育领导工作小组,自上而下地推动工作的开展,将教导处、德育处、总务处纳入学校劳动教育工作网络机制,全方位协同开展劳动教育,保证将劳动教育落实到学校教育的方方面面。学校劳动教育工作网络机制如图2-1所示。

第二,师资保障。学校成立劳动教育教研组,设立专门的劳动教育科组,充分发挥劳动教育科组的核心力量,以少先队为平台,保障各项劳动教育教研及学生活动的有序推进和开展。在未具备聘请专职劳动教师条件的情况下,组建一支兼职劳动教师(综合实践教师)队伍,通过"走出去+引进来"的方式加强对兼职劳动教师的培训,给教师们提供学习的机会,提高教师的劳动教育素养,有效开展学校劳动教育工作。

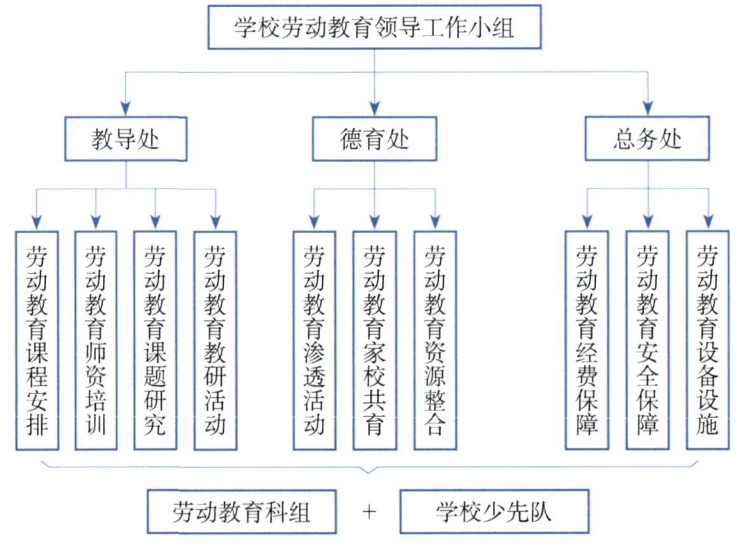

图2-1 富都小学劳动教育工作网络机制

第三,安全保障。学校制定相关的劳动教育安全应急预案,根据学生特点规划劳动项目和内容,以学生身体安全为第一准则,确保学生人身安全。

第四,资源保障。学校充分调动家长参与的积极性,有效利用家长资源,并以此加强学校与社区之间的联系互动。除了在校内建设"小厨房"劳动实践基地外，还在校外设有定点的实践基地，为课程的开展提供了场地保障。

第五，评价保障。课程遵循多元评价的原则，通过学生自评以及家长、教师的评价等，保障劳动教育课程实施的有效性。

四、课程设计

"小厨房，大世界"校本劳动课程以"厨房"为切入口，设定"奇趣、自信、创新"的课程目标，以岭南文化中的饮食文化为主线，结合不同年段学生的年龄特点，将课程分为"奇趣厨房劳动系列""美味厨房劳动系列""创意厨房劳动系列"三个系列（图2-2）。其中，"奇趣厨房劳动系列"在低年级开展，"美味厨房劳动系列"在中年级开展，"创意厨房劳动系列"在高年级开展。三个系列的课程内容层层递进、"螺旋上升"。

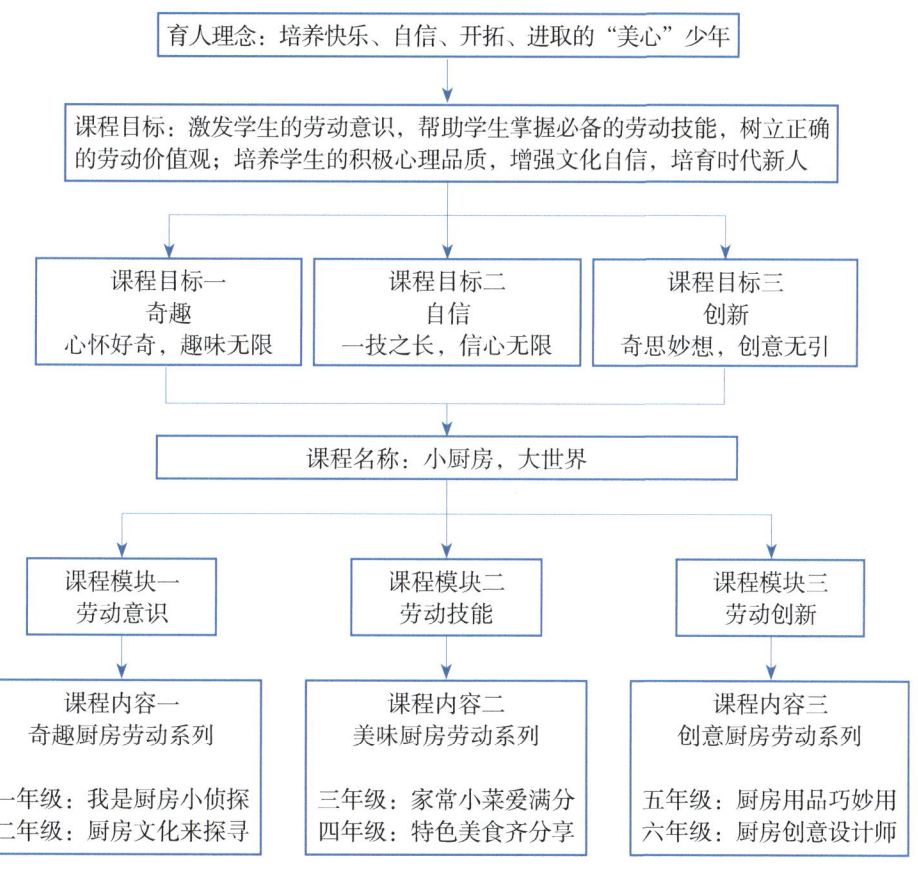

图2-2 "小厨房，大世界"校本课程框架

根据"小厨房，大世界"课程内容安排，学校主要利用劳动教育课、学科渗透及家校共育三个途径来开展课程。每一主题分2个课时进行，第1课时主要就主题内容对相关的知识点进行讲授，并提出相应的劳动实践任务，任务在课后由家长协助共同完成；第2课时则是让学生结合在家实践的情况，就劳动的过程、劳动的成果及劳动的感受、收获、疑问进行分享与交流。在学科渗透方面，学校会提前把当周的劳动课主题发给年级任课教师，由教师适当地进行渗透教学。

（一）低年级：奇趣厨房劳动系列

低年级的"奇趣厨房劳动系列"以认知为主、实践为辅，重在认识岭南饮食文化中的物质层面（表2-2）。例如，在讲述"从化荔枝"这一主题时，学校通过劳动课让学生了解从化荔枝的品种、果实成熟的时间、果型、衍生的产品（荔枝蜜、果干）等。学生在初步掌握相关知识的基础上，再由家长协助开展劳动实践：和家人一起去水果店买荔枝、了解荔枝的价格，到从化去寻找荔枝的踪迹、探寻荔枝生长的条件，品尝荔枝、荔枝蜜、荔枝果干等。学校借助劳动实践，让学生了解从化荔枝背后的故事："一骑红尘妃子笑，无人知是荔枝来"诗句中讲的据说是岭南从化荔枝；从化生长着世界最大、树龄达460年的荔枝古树"荔枝皇"，荔枝还有"百果之王"的美誉……让学生在故事中感受荔枝文化，在感受中被岭南文化所熏陶。此外，学校还可以在美术课上以"荔枝"为载体指导学生进行绘画创造、手工制作等，通过艺术课程加深学生对荔枝外形、颜色等的认知。

表2-2 "奇趣厨房劳动系列"内容

一年级：我是厨房小侦探			二年级：厨房文化来探寻		
岭南佳果	岭南食材	岭南器皿	广府凉茶	广府粥	广府汤
钟村凤眼果	禺山甜椒	炖盅	黄振龙凉茶	艇仔粥	冬虫草竹丝鸡汤
大石水蒲桃	大石慈姑	砂锅煲	廿四味	及第粥	阿胶红枣乌鸡汤
从化荔枝	沙湾水牛奶	竹编炊具	王老吉	皮蛋瘦肉粥	玉竹百合鹌鹑汤
万顷沙香蕉	海鸥岛麻虾	菜篮子	邓老凉茶	生滚牛肉粥	花胶响螺汤
糖心菠萝	谢村黄姜		和其正凉茶	顺德牛花粥	
番木瓜	新垦莲藕		徐其修凉茶	猪杂粥	

（二）中年级：美味厨房劳动系列

中年级的"美味厨房劳动系列"以体验为主、实践为辅，在做中加深认知、在做中生成感悟，重在挖掘和体验岭南饮食文化中的精神层面，增强文化自信（表2-3）。例如，老师在讲述"粤式早茶"这一系列主题课程时，可以让学生了解粤式早茶的历史、有名的甜品点心以及制作所需的材料、步骤等。学生初步掌握相关知识后，再在指导下开展劳动实践，和家人去体验粤式早茶，并尝试独立制作一些简单的点心。

在家校共育和学科渗透的补充下，这些劳动实践不仅能让学生了解粤式早茶，初步掌握点心的制作技巧，还能在这个过程中引导学生去发掘和体验粤式早茶及粤菜深层的文化内涵，比如"一盅两件"、茶韵悠长、漫谈人生的广州情怀，广州酒家、陶陶居、莲香楼等茶楼发展史中承载的地域文化，羊城名厨背后的故事中所蕴含的广州精神与人文情怀，等等。学生在优秀岭南文化的滋养下，能够真切地体会到劳动的美，进一步增强对广州的归属感和自豪感，为成为时代新人积累深厚的文化底蕴和人文素养。

表2-3 "美味厨房劳动系列"内容

三年级：家常小菜爱满分			四年级：特色美食齐分享		
包点类	炒菜类	饭类	广府甜品	广府名菜	粤式早茶
流沙包	市桥煎酿鲮鱼	煮白米饭	沙湾姜撞奶	八宝冬瓜盅	肠粉
叉烧包	蚝油生菜	蛋炒饭	番禺九层糕	红烧乳鸽	虾饺
三明治	豉汁蒸排骨	广式腊味饭	炸牛奶	糖醋咕噜肉	市桥白卖
马拉糕	可乐鸡翅	煲仔饭	海带绿豆糖水	香滑鱼球	豉汁蒸凤爪
萝卜糕	西红柿炒鸡蛋		顺德双皮奶	顺德四杯鸡	咸水角
马蹄糕	芥蓝炒腊味				金钱肚

（三）高年级：创意厨房劳动系列

高年级的"创意厨房劳动系列"以实践为主，训练学生创造性思维，鼓励学生发挥创意并付诸实践，培养学生的主人翁意识和责任意识（表2-4）。例如，在学生进行厨房用品小发明实践时，引导学生充分发挥自己的想象力，大胆尝试。当学生有想法后，鼓励他们积极进行成品设计。在这个过程中，还要注重引导学生去寻找在科技、设计、工程方面的"劳模"，了解"劳模"的故事与成就，从中体会"劳模精神"与"工匠精神"，培养学生大胆创新、开拓进取、肯想肯干、刻苦钻研的精神，让学生懂得以主人翁的意识为自己的小家出一份力，为成为有责任担当的时代新人储备综合素养。

表2-4 "创意厨房劳动系列"内容

五年级：厨房用品巧妙用			六年级：厨房创意设计师		
环保自制与物品妙用		整理收纳	设计厨房小装饰品		厨房创意发明
自制酵素	妙用调料罐	冰箱巧收纳	厨房食材小摆件	橱柜小装饰	创意沥水架
自制环保清洁剂	妙用淘米水	橱柜巧收纳	厨房装饰画	豆子装饰瓶	自制垃圾桶
自制增效清洁剂	妙用鸡蛋壳	调料巧收纳	打蛋器变装饰灯	厨房个性门牌	自制打蛋器
地拖巧妙用	妙用生姜	层架的妙用	自制冰箱贴	自制蔬菜墙贴	厨房小挂钩
过期八角巧妙用	妙用厨房纸		自制餐桌垫	厨房层架的美化	筷子收纳盒
牛奶的妙用	醋的妙用				变废为宝小创意

五、课程实施

第一，调查了解学生对劳动教育的认识及其开展现状。学校采用问卷调查的形式，从劳动意识、劳动习惯、劳动技能和劳动价值观四个维度进行设计问卷，针对家长、教师、学生三个群体进行随机抽样调查。

第二，开展校本课程"一月一主题"活动。学校开展的每月主题活动契合岭南饮食文化，紧跟时令变化，贴合传统节日，与校本课程同步开展，贴近学生熟悉的生活，保证了劳动教育的成效（表2-5）。

表2-5 "一月一主题"活动

月份	主题
1月	食材搭配有讲究
2月	寻味年文化
3月	品茶韵，润童心
4月	全谷杂豆我会认
5月	岭南名菜我传承
6月	寻味端午，粽叶飘香
7月	煲凉茶，消暑气
8月	识海鲜，懂烹饪
9月	识中秋，赏中秋，品中秋
10月	赏佳果，造拼盘
11月	蒸煮快炒我能行
12月	药食同源齐来学

第三，在课时安排上，每个班级每周开设一节劳动教育课，由兼职劳动教师授课。其中一、二年级在地方课程中开设，三至六年级在综合实践课中开设。上课地点主要是课室及学校"小厨房"劳动实践基地。

第四，整合家庭、社区等各方资源。劳动教育离不开家庭教育的支持，因此，学校创造条件对家长开展劳动教育宣导工作，充分调动家长参与孩子的劳动教育的积极性，拓宽劳动教育途径，巩固提升劳动教育效果。此外，学校还加强与社区之间的联系互动，依照上级部门规定的流程建立校外劳动基地，为学生的劳动实践提供社会支持。

六、课程评价

对于课程的效果评价，学校主要采取的是定量评价和定性评价相结合的方式。在定量评价方面，通过设计调查问卷进行后测检验，科学检验劳动教育的实效性；在定性评价方面，通过观察记录表、"劳动存折"等形式，对学生参加劳动教育的程度与质量等进行星级评价。按评价主体的不同，课程的效果评价又可分为学生自评和他人评价两种方式。

第一，学生自评。在"小厨房，大世界"校本课程活动手册中，每一个课题都设置了"劳动'心'收获"的环节，旨在让学生在课程结束后对知识和技能的掌握、劳动过程中的心情与感悟等进行反思与自我评价，同时也可作为教师调整教学的重要参考依据。

第二，他人评价。为了让评价更加具有趣味性，激发学生参与劳动的主动性，学校设置了虚拟的"劳动银行"，为每位学生派发一本"劳动存折"（图2-3）。"劳动存折"里有2种存储类型，分为定期存储和活期存储，其中定期存储的劳动任务是由"劳动银行"统一指定且必须完成的，活期存储的劳动任务则由学生结合自身实际来选定完成。学生完成每项任务后可以得到相应的积分，靠积分争当"劳动'心'达人"。这部分由家长与教师根据学生完成任务的情况进行考核评价。

图2-3 "劳动存折"样式

七、课程案例

下面以学校融合创新应用教学案例"'一包一煮，一汤一饺'煮饺子的方法"为例，展示"小厨房，大世界"校本劳动课程的教学。该案例参加了番禺区富都小学、龙美小学、黄编小学三校协同发展教研活动及贵州省毕节市赫章县、威宁县跨区域结对学校线上教研活动，推动了新时代劳动教育在区域学校的落地生根。

"一包一煮，一汤一饺"煮饺子的方法[①]

（一）案例背景

饺子是中国的传统美食，有"更岁交子、团圆福禄"之意。学生在一日三餐中常常看到饺子，对饺子的形状、馅料有了一定了解，对包饺子、煮饺子、品饺子非常感兴趣。因此，学校在三年级的"小厨房，大世界"课程中以"饺子"为主题开展了教学活动。

（二）教学内容分析

"饺子"主题活动共分3个课时实施。第1课时为"认识饺子"：课前，让学生通过书籍、报刊、网络等途径查找关于饺子的资料，并做成手抄报；课堂上，让学生借助手抄报，分享自己了解到的关于饺子的知识。第2课时为"包饺子"：让学生借助黏土、橡皮泥等材料，学习包饺子的方法。第3课时为"煮饺子"：让学生借助"小厨房"场地动手煮饺子，然后进行小组合作交流，总结煮饺子的方法。

（三）学情分析

三年级学生经过每周五的劳动课的学习，已经了解并会简单使用常用的厨具，初步具备解决问题的能力和参与小组合作的能力。通过前面课时的学习，三年级学生对饺子的历史背景、外形、结构组成已有一定了解，学习、掌握了包饺子的方法。

（四）教学目标

第一，认知性目标。通过包饺子、煮饺子、品饺子，学生可了解中国传统的美食文化，感受劳动的乐趣，培养珍惜劳动成果的优良品质。

第二，参与性目标。学生掌握煮饺子的方法，知道煮饺子过程中的注意事项，懂得小组合作、组间合作、交流分享，增强团队意识。

[①] 该教学案例由富都小学马燕君老师提供。

第三，体验性目标。通过小组合作、自己动手煮饺子，学生获得劳动体验，品尝到劳动后的美味；愿意和他人分享自己的劳动成果，懂得欣赏他人的劳动成果，养成良好的劳动习惯。

第四，技能性目标。学生熟练使用电磁炉煮饺子，初步总结煮饺子的步骤方法，了解"判断饺子是否煮熟"的方法。

第五，创造性目标。在煮饺子的过程中，学生能发现问题，及时调整步骤、方法，解决问题，以提高劳动的质量和效率。

(五) 教学重难点

重点：学生掌握煮饺子的步骤方法，知道煮饺子过程中的注意事项。

难点：学生通过小组合作归纳出煮饺子的方法，并根据方法把饺子煮熟并分享品尝。

(六) 教学准备

劳动小厨房（含常用厨具）、教学平台、希沃授课助手、PPT、小黑板，以及饺子皮、饺子馅。

(七) 教学过程

1. 回顾导入，引出主题

学生活动：（1）通过前期活动照片，进入本课活动主题——煮饺子；（2）思考如何煮饺子；（3）进一步了解饺子寓意"团圆"的美食文化。

教师活动：（1）出示前两节课学生展示的照片，回顾饺子的历史文化；（2）引出本课主题——煮饺子的方法。

设计意图 通过回顾上节课的活动照片，让学生明确本节课的实践任务，自然而然地进入本节课的活动主题。

2. 淬炼操作

学生活动：（1）观看视频，小组内总结煮饺子的步骤；（2）汇报、讨论结果。

教师活动：（1）观看煮饺子的视频；（2）引导学生思考和说出煮饺子的步骤；（3）根据学生汇报，板书煮饺子的步骤。

设计意图 利用"煮饺子"微课激发学生的学习兴趣。

3. 操作示范

学生活动：（1）回顾煮饺子的步骤；（2）知道煮饺子过程中的注意事项。

教师活动：（1）教师操作示范，在学生回顾煮饺子的步骤后，找出不规范、缺漏之处并纠正、补充完整；（2）强调操作过程中的注意事项，并板书注意事项。

设计意图 利用希沃授课助手的直播功能，教师即时演示煮饺子的整个过程，加深学生的认知，规范学生的操作，强调劳动过程中要将安全放在首位。

4. 项目实施——包饺子、煮饺子

学生活动：（1）6人1组，每人的编号分别为1—6号：1号组员为本组的安全员，2号组员负责烧水，3—6号组员负责包饺子（3号组员负责放饺子；4号组员负责中途加水3次，并搅拌；5号组员负责捞饺子；6号组员为厨师长）。（2）带着老师的问题注意观察饺子的状态变化。

教师活动：（1）明确小组分工；（2）指导学生包饺子、煮饺子；（3）制定评选本节课优秀小组的评选标准；（4）提出问题：饺子煮熟之后有什么变化？

设计意图 让学生自己动手包饺子、煮饺子，观察饺子煮熟后的变化，学会合作劳动，体验合作劳动的快乐。

5. 交流分享

学生活动：（1）小组互评；（2）交流煮饺子的步骤，描述饺子煮熟之后的状态。

教师活动：（1）组织学生小组互评；（2）让学生围绕煮饺子的步骤、饺子在水中状态的变化进行汇报。

设计意图 学生先根据教师提出的问题汇报观察结果，教师再用提前录好的微课验证——饺子煮熟之后会浮起来。

6. 拓展延伸

学生活动：带着问题，课后寻找答案。

教师活动：提出疑问——饺子煮熟之后为什么会浮起来？

设计意图 在课堂中留下悬念，吸引学生课后继续深入学习。

7. 品饺子

学生活动：品尝饺子。

教师活动：组织学生品尝自己的劳动成果。

设计意图 让学生品尝自己的劳动成果。

8. 回顾总结

学生活动：说一说自己煮的饺子的味道，与教师一起回顾煮饺子的步骤、饺子煮熟之后的状态，并进行自我评价。

教师活动：带领学生回顾本节课的内容，提问学生"你自己煮的饺子是什么味道？你有什么收获？"

（八）教学板书

煮饺子的方法

煮饺子的步骤	注意事项
1）烧开水。水翻滚，速度快，冒气泡，量要多	双手保持干燥
2）放饺子。沿锅壁，轻轻放；用勺子，轻轻拨	戴隔热手套
3）加冷水。水沸腾，加冷水，小半碗，加三次	盖子轻拿轻放；右手拿，放右边
4）捞饺子。再沸腾，饺子浮；捞起来，装入盘	不要被烫伤（如果不小心被烫伤，用流动的凉水冲洗至少10分钟，再视具体情况送医院治疗）

（九）学习评价设计

评价内容	评价标准	满分	小组自评	组间互评
组织管理	1）活动组织井然有序，遵守纪律； 2）各成员分工明确，各司其职； 3）各成员能积极参与活动，乐于分享交流	10分		
厨房整理	1）厨具用完摆放有序； 2）生、熟区域分开； 3）及时清理桌面，垃圾分类投放	10分		
成果展示	1）饺子皮完整，没有破损； 2）饺子煮熟了	10分		
合计		30分		

（十）教学反思

本节课利用希沃授课助手"移动展台"的直播功能，用手机将开放厨房煮饺子的过程实时投影到电脑上，画面清晰，能够让全体学生清晰地看到整个操作过程。基于该技术，在教学中强调煮饺子的每一个注意事项、煮饺子的步骤，突破了教学重难点，极大地提高了课堂教学效率。在导入环节，利用提前录制好的短小精悍、主题突出的微课程——学生和家长制作的"煮饺子"微课程，激发学生学习兴趣，让学生快速进入课堂状态。在拓展提升环节，借助微课和学生一起验证"饺子煮熟之后会浮起来"。

本课的课堂气氛非常活跃，学生积极参加课堂活动。在本节课中教师能基本完成教学任务，突破重难点，但在教学语言上还需多注意，要更加简练。

第三节 礼仪课程：知礼达义，风雅富都

古时荀子曾说："人无礼则不生，事无礼则不成，国家无礼则不宁。"文明礼仪不仅是个人素质教养的体现，也是衡量一个民族的精神面貌和文明水准的标准。文明礼仪是中华传统美德的重要组成部分，而继承和弘扬中华民族传统美德又是学校德育的重要内容。习近平总书记提出："要认真汲取中华优秀

传统文化的思想精华和道德精髓，使中华优秀传统文化成为涵养社会主义核心价值观的重要源泉。"可见，在学校开展文明礼仪教育，既是全面实施素质教育的要求，也是为学生的生命涂抹文明底色的重要途径。

一、课程目标

借助礼仪课程，让学生明白文明礼仪是当代公民必备的基本素质，是做人的基本要求；让学生在课程学习和实践中真正了解文明礼仪的基本内容，懂得文明礼仪是个人文化、艺术、道德、思想等修养的表现形式，是完善自我、与人交往的行为规范与准则；让学生掌握基本的谈吐、举止、服饰等个人礼仪，以及在家庭、校园、公共场所等社会生活领域的交往礼仪，养成文明礼貌的行为习惯，做优雅大方、豁达乐观、明礼诚信的合格公民。

富都小学的礼仪教育注重四个结合。一是礼仪与文明的结合——主要关注学校礼仪、家庭礼仪、社会礼仪；二是生活与文明的结合——主要关注安全生活、健康生活、幸福生活；三是生态与文明的结合——主要关注生态的多样性、生态的均衡性、生态的发展；四是发展与文明的结合——主要关注文化的发展、经济的发展、法制的发展。基于礼仪教育理念，学校创设了"知礼达义，风雅富都"校本礼仪课程。

二、课程设计

"知礼达义，风雅富都"校本礼仪课程以"三课六仪"为框架，以"学习知识，形成技能；认知明理，自我完善；养成习惯，儒雅文明"为目标，开展全员的体验活动，以品牌项目推进一系列文明礼仪内容的纵深研究与发展（图2-4）。

在实施路径上，学校设计了8条路径，包括教师引领和示范、学科渗透、开发微课程、创新思维导图、共绘文明绘本、分享文明心得、演绎文明剧场、评价展示自我。

第一，教师引领和示范。教师在平时的学校生活中以身作则，引领学生践行文明礼仪；组织学生学习文明礼仪知识，讨论文明礼仪行为。

第二，学科渗透。各科教师在教学中渗透文明礼仪教育，让礼仪融入课堂，将礼仪种子种在学生的心中。

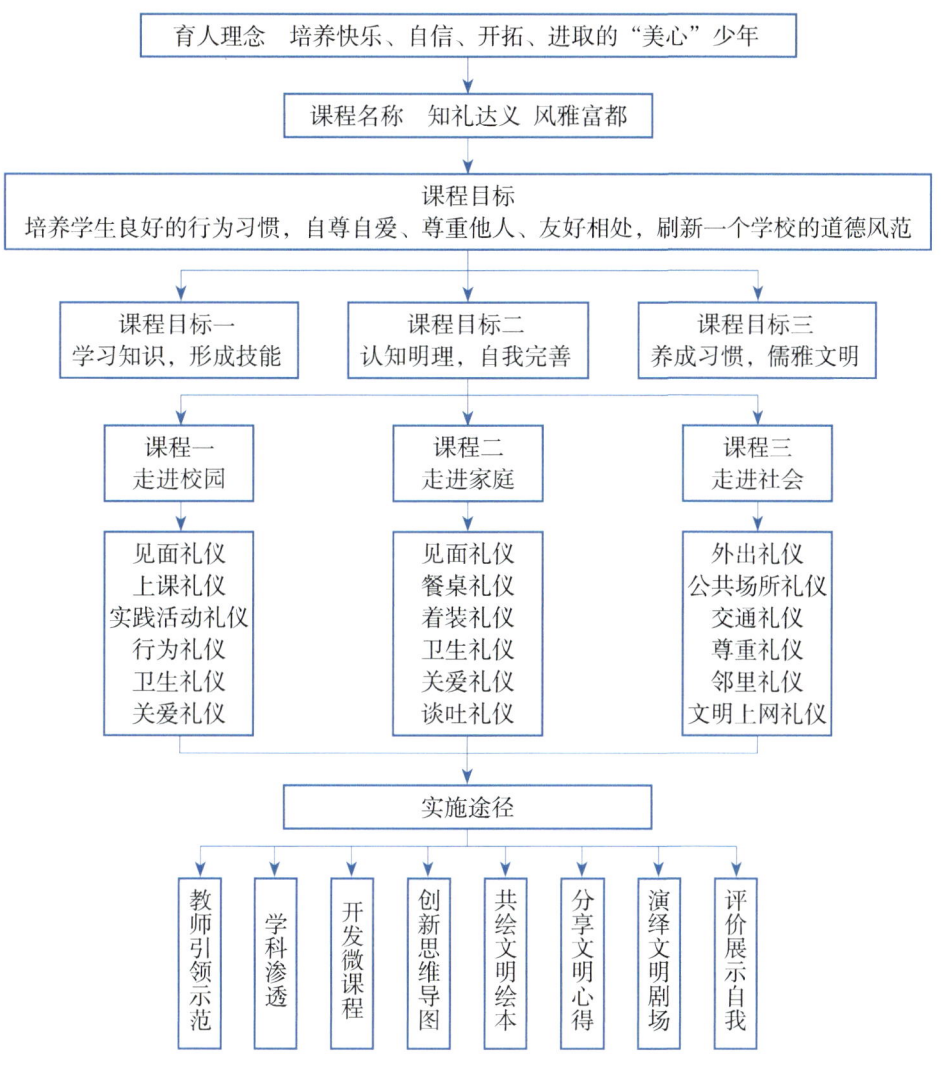

图2-4 "知礼达义，风雅富都"校本礼仪课程框架

第三，开发微课程。组织教师开发与礼仪相关的微课程，让学生开展对微课程的学习。借助多种教学形式，激发学生学习礼仪课程的兴趣，引导学生在学习中逐渐养成良好的行为习惯，使学生对规范礼仪的学习紧跟时代步伐，让家长对学生的规范礼仪教育紧跟时代步伐。

第四，创新思维导图。根据《中小学文明礼仪教育指导纲要》，以礼仪教育作为切入点，创新性地把校园礼仪、家庭礼仪、社会礼仪和思维导图有机结合起来，激发学生学习文明礼仪的兴趣。

第五，共绘文明绘本。共绘以礼仪教育为主题的绘本，拓展小学教材资源，创新学生的学习形式。通过整合绘本资源，让学生在"绘"中掌握文明礼仪。

第六，分享文明心得。在每次的文明礼仪知识学习中，组织学生围绕文明礼仪行为开展讨论，分享自己的心得，并用文字表现自己掌握的礼仪知识。

第七，演绎文明剧场。"读万卷书不如行万里路"，用行动演绎文明礼仪。学校通过开展少先队员干部、亲子演绎文明礼仪行为示范的剧场表演活动，让文明礼仪植入学生成长的校园、家庭和社会生活当中。

第八，评价展示自我。每个课题设置了"文明礼仪'心'收获"的环节，让学生及时对课程的学习和实践进行反思与评价。

三、课程实施

在明确礼仪课程目标、构建好课程体系后，富都小学以班主任为课程实施的主体教师，其他学科教师为辅助教师，开发"三课六仪"课程。以"走进校园""走进家庭""走进社会"为主课，展开礼仪教育的全面教学和学科渗透。同时，以"家校共育"作为有效补充，让礼仪课程实现讲授与实践有机整合，提升学生文明礼仪行为习惯养成的效果。

（一）"走进校园"课程

"走进校园"课程主题以见面礼仪（称呼礼仪、问好礼仪、校内待客礼仪）、上课礼仪（课前准备、课中礼仪）、实践活动礼仪（参观礼仪、游戏礼仪、校园活动礼仪、校园集会礼仪）、行为礼仪（放学礼仪、排队礼仪、楼梯行走礼仪、爱护公物、校内公共场所礼仪）、卫生礼仪（值日礼仪、垃圾分类）、关爱礼仪（帮扶行为礼仪）为主要内容（表2-6）。

表2-6 "走进校园"课程内容

内容单元		一年级	二年级	三年级	四年级	五年级	六年级
校园礼仪	第一单元	称呼礼仪	称呼礼仪	称呼礼仪	称呼礼仪	称呼礼仪	称呼礼仪
	第二单元	问好礼仪	排队礼仪	课中礼仪	游戏礼仪	值日礼仪	帮扶行为礼仪
	第三单元	放学礼仪	爱护公物	参观礼仪	校内公共场所礼仪	校园活动礼仪	校内公共场所礼仪

续表

内容单元	一年级	二年级	三年级	四年级	五年级	六年级
第四单元	课前准备	楼梯行走礼仪	垃圾分类	校园集会礼仪	校内待客礼仪	校园活动礼仪

"走进校园"课程利用学科渗透、班会课开展实施。在学科渗透方面，由各学科教师在上课中进行渗透教学。学校副校长主讲"学校的文明礼仪"班会课，各班教师、学生共同学习礼仪知识。各班进行"文明礼仪行为大讨论"活动，撰写文明礼仪行为提案。在道德与法治课堂上，教师以"常用礼貌用语，做文明小学生"为主题，引导学生在日常校园生活中学习礼仪知识。

在实践方面，学校让学生设计校园礼仪思维导图、绘制文明礼仪绘本、撰写课程学习心得、创作文明礼仪手抄报，并在教师的指导下，进行校园文明行为规范宣传视频的拍摄。

（二）"走进家庭"课程

"走进家庭"课程以见面礼仪（称呼礼仪、问好礼仪）、餐桌礼仪（饭中礼仪、饭后礼仪、家庭聚餐礼仪、使用公筷、坐姿礼仪）、着装礼仪（着装标准、不同场合的着装要求）、谈吐礼仪（家庭交流礼仪）、卫生礼仪（物品清洁准备、个人卫生礼仪）、关爱礼仪（敬爱长辈礼仪、关心礼仪、关爱幼小礼仪）为主要内容（表2-7）。

表2-7 "走进家庭"课程内容

内容单元		一年级	二年级	三年级	四年级	五年级	六年级
家庭礼仪	第一单元	称呼礼仪	称呼礼仪	称呼礼仪	称呼礼仪	称呼礼仪	称呼礼仪
	第二单元	问好礼仪	饭中礼仪	饭后礼仪	家庭聚餐礼仪	使用公筷	不同场合的着装要求
	第三单元	睡前礼仪	敬爱长辈礼仪	个人卫生礼仪	关爱幼小礼仪	着装标准	问好礼仪
	第四单元	物品清洁准备	坐姿礼仪	关心礼仪	敬爱长辈礼仪	家庭交流礼仪	家庭常规礼仪

家庭是学生的第一所"学校",学生在家庭中生活,经过耳濡目染、潜移默化,逐渐形成各种思想意识和行为习惯,这对他们以后的发展有着很大的影响。因此,家庭礼仪教育对学生的文明礼仪教育起着非常重要的配合作用。

在家庭礼仪课程中,学校设置"中华传统礼仪——孝文化知识"主题活动,结合中华传统节日,在思政课堂、校园文化活动中渗透文明礼仪,营造立体式文化育人氛围。在实践方面,让学生设计家庭礼仪思维导图、绘制文明礼仪绘本、撰写学习心得、创作文明礼仪手抄报、拍摄家庭文明礼仪亲子视频。

(三)"走进社会"课程

"走进社会"课程以外出礼仪(外出就餐礼仪、旅游礼仪、与动植物相处的礼仪、不同场合的着装要求)、公共场所礼仪(博物馆礼仪、图书馆礼仪、观影礼仪)、交通礼仪(乘坐公共汽车礼仪、高铁礼仪、飞机礼仪)、尊重礼仪(敬爱长辈礼仪、接待礼仪、职务礼仪)、邻里礼仪(招呼礼仪)、文明上网礼仪(上网自控礼仪、上网用语礼仪)为主要内容(表2-8)。

表2-8 "走进社会"课程内容

内容单元		一年级	二年级	三年级	四年级	五年级	六年级
社会礼仪	第一单元	人类礼仪	外出就餐礼仪	与动植物相处的礼仪	接待礼仪	旅游礼仪	外出就餐礼仪
	第二单元	博物馆礼仪	图书馆礼仪	公共场所礼仪	其他场所礼仪	职务礼仪	不同场合的着装要求
	第三单元	招呼礼仪	上网自控礼仪	个人卫生礼仪	关爱生命礼仪	飞机礼仪	招呼礼仪
	第四单元	乘坐公共汽车礼仪	观影礼仪	高铁礼仪	敬爱长辈礼仪	接待礼仪	上网用语礼仪

文化育人不是文化的简单传递,而是在学生心里播种先进文化的种子,使文化的种子在学生内心深处生根发芽,让学生产生思想认同和情感认同,从而树立正确的世界观、人生观、价值观。"走进社会"课程通过社会实践的方式把礼仪全方位融入文化育人工作中。

"走进社会"课程旨在让学生走出校园,走进社会实践,把文明礼仪行动融入社会实践，为社会志愿服务增添光彩。例如，学校会邀请交警大队警官为家长和学生进行交通礼仪的培训，然后在保证安全的前提下，让学生参与交通礼仪宣传活动等。在动手实践方面，让教师在教授礼仪知识后，带领学生进行礼仪微课程的设计。此外，还可以让学生设计社会礼仪思维导图、绘制文明礼仪绘本、撰写学习心得、创作文明礼仪手抄报。

四、课程评价

第一，学生自评。在礼仪课程中，每一个课题都设置了"文明礼仪'心'收获"的环节，让学生在课程结束后就知识和技能的掌握、行为养成过程中的心情与收获等进行反思与自我评价。同时，学生自评也是教师调整教学的重要参考依据。

第二，他人评价。为了让评价更加具有趣味性，激发学生实践文明礼仪行为的主动性，课程设置了"文明之星"星级评比，让每位学生通过在校园、家庭和社会中践行文明礼仪行为，争当"文明之星"。这部分由家长与教师根据情况进行考核评价。

五、课程案例

下面以微课"常用礼貌用语"为例，展示"知礼达义，风雅富都"校本礼仪课程的微课程形式。

"常用礼貌用语"微课脚本设计[①]

（一）基础知识

听本微课前需了解的知识：基础的礼貌用语，一定的生活经验。

（二）教学类型

讲授型、启发型。

（三）适用对象

小学二年级学生。

---

① 该微课案例由富都小学黄思媚老师提供。

(四）设计思路

本微课重点在于学习生活中的常用礼貌用语，从导语引入礼貌用语的重要性，再从"礼貌用语我会学、小小诀窍我记住、礼貌歌、我会用"等四个板块逐步进行学习。从基础的学习了解到知识的掌握及运用都符合学生的学习和发展特点。最后在结尾处进行总结提升。

(五）教学过程

1. 片头（50秒）

内容：文明，使人举止文雅；礼仪，使人风度翩翩。同学们，学好常用礼貌用语、养成良好的文明礼仪对个人的成才有着不可忽视的作用，让我们从最简单的语言开始，打开文明的大门吧！

2. 正文讲解（4分钟）

（1）礼貌用语我会学。

①在校园里见到教师时，你要说："老师，您好！"

②别人帮助你时，你要说："谢谢！"

③不小心踩到别人时，你要说："对不起！"

④人家向你道歉时，你要说："没关系。"

⑤放学了，你要和教师、同学说："再见！"

⑥进入教师办公室前，要先喊"报告"，等老师同意后再进入。

（2）小小诀窍我记住。

文明礼貌要记住："好"字开头，"请"字优先，"谢谢"和"再见"结尾。

常用文明用语：您好、欢迎您、请坐、请喝水、请稍等、请问、请您、对不起、没关系、请慢走、谢谢……

（3）礼貌歌。

小朋友，讲礼貌，

见老师，问声早。

见同伴，问声好，

告别时，说再见。

向人家，借东西，

说一声，谢谢你。

踩了人，多着急，

快快说，对不起。

碰了我，不生气，

轻轻说，没关系。

小朋友，要友好，

不要做，小霸王。

小伙伴，手拉手，

你我他，好朋友。

（4）我会用。

①场景一：当你不小心把别人的铅笔盒碰到地上了，你会怎么说？

②场景二：当你要跟同学借橡皮时，你会怎么说？

3. 结尾（40秒）

讲文明、懂礼貌是中华民族的优良传统，是一个现代文明人必须具备的美德。相信通过学习，聪明的你已经掌握了礼貌用语的使用方法了，请在生活中用一用这些礼貌用语吧！

第四节　生活教育活动案例

针对生活教育活动，学校主要将其分为三大类：技能比拼、习惯培养、"小农田"种植。技能比拼是在校内举办各类劳动技能比赛，让学生在竞争中提升自我，学会团队合作；习惯培养方面主要是关注学生的日常生活习惯，结合"双减"政策的课后作业安排、寒暑假作业安排、家务劳动安排等，引导学生爱上生活劳动，习得生活基本技能；"小农田"种植则是在校内的"中草药小农田"劳动教育实践基地中进行劳动实践。

一、技能比拼

下面以中秋节劳动实践活动、植树节劳动实践活动为例来讲述。

（一）中秋节劳动实践活动

为了促进家庭教育和学校教育的互相配合与协调，让学生学会做人、学会做事、学会生活，学校利用中秋假期以"家庭劳动教育"为主题开展劳动教育实践系列活动。该活动根据不同年级学生的层次，设计了不同的内容（表2-9）。

表2-9 中秋节劳动实践活动内容

年级	主题	内容	呈现形式
一、二年级	中秋美食宣传小达人	介绍家乡特有的中秋食物	录制小视频（MP4格式）
三、四年级	巧手慧心小达人	以"中秋文化、中秋美食"为主题，进行团扇创作。可以通过书法、绘画、手工等形式进行艺术创作	把实物带来学校交给劳动课教师。学校鼓励将制作过程拍成小视频（MP4格式），或者拍摄关于制作过程的照片
五、六年级	节约小达人	利用家里月饼盒、包装盒等制作一个手工品	把实物带到学校交给劳动课教师。学校鼓励将制作过程拍成小视频（MP4格式），或者拍摄关于制作过程的照片
全体学生	中秋小厨师	制作一款月饼	可以拍摄制作过程的小视频（MP4格式），也可以拍摄关于制作过程的照片

（二）植树节劳动实践活动

1. 植树故事我来说

活动对象：一、二年级。

活动内容：分享你了解到的植树故事（古人、前辈、劳动模范……），分享你和家人的植树趣事，分享你了解、掌握的植树小技巧，分享你植树的收获等。

成果呈现：视频（横屏拍摄）。

2. 健康食材我来种

活动对象：全体同学。

活动内容：利用家中的食材，和家长一起尝试泡发豆芽、水培大蒜等。也可以种植常见的花卉、农作物、蔬菜、水果，比如向日葵、花生、番茄、生菜、草莓……

成果呈现：以照片、视频等形式记录食材从种子萌发、生长到摆上餐桌的过程，感受食材的变化，制作你和它们"成长"的小视频或照片，还可以介绍食材种植的小技巧。

成果呈现：照片、视频（横屏拍摄）。

3. 绿色手工我设计

活动对象：三、四、五、六年级。

活动内容：用卡纸、落叶、彩带等亲手制作"植物"来装点家园、装点课室。

成果呈现：记录你和作品的影像视频（横屏拍摄，作品大小不限）。

4. 种植笔记我来绘

活动对象：三、四、五、六年级。

活动内容：根据实际情况种植植物，并对其进行一个月的科学观察与记录，感受植物生长的变化，并将植物生长过程中形态变化最大的一个或几个片段画在纸上，也可以将植物观察心得记录下来。

成果呈现：你的作品生长图（A4画纸）。

二、习惯培养

家庭是学校生活教育实施的重要阵地，家务劳动既是维持家庭日常生活运行的必要程序，也是培养学生品格和能力的重要方式。学校扎实开展"一周一主题"家务劳动，通过劳动清单、"劳动存折"记录学生劳动过程，保证1—2年级每个学生每周劳动时间不少于2小时，3—6年级每个学生每周劳动时间不少于3小时，引导学生自觉地承担力所能及的家务劳动。学校鼓励学生用镜头或手抄报记录每周劳动过程，用行动表达内心感受。各年级日常生活劳动项目清单见表2-10至表2-15，手抄报见图2-5。

表2-10　一年级日常生活劳动项目清单

类别	项目	劳动要点	学生自评	
			劳动参与	劳动技能
我是整理大王	1）整理书包	每日有序摆放书包里的学习用品，保持各类用品的卫生清洁	☆☆☆	☆☆☆

续表

类别	项目	劳动要点	学生自评	
			劳动参与	劳动技能
自我管理我最棒	2）科学刷牙	早晚刷牙，刷牙力度要适中，牙齿内外刷干净，每次坚持3分钟	☆☆☆	☆☆☆
	3）学会洗澡	正确使用沐浴用品，洗净身体各个部位，学会节约用水，勤洗澡	☆☆☆	☆☆☆
	4）学会洗手	会用"七步洗手法"正确洗手，养成勤洗手的良好习惯	☆☆☆	☆☆☆
餐前餐后小帮手	5）餐前摆碗筷	轻拿轻放，根据家人的用餐习惯，摆好碗筷	☆☆☆	☆☆☆
我是清洁小能手	6）用扫把扫地	正确使用扫把清扫地面，使用后能整齐摆放回原位	☆☆☆	☆☆☆

家长整体评价：

自我评价（用简图或简单的文字评价自己的成果、收获以及有待改进的地方）：

表2-11　二年级日常生活劳动项目清单

类别	项目	劳动要点	学生自评	
			劳动参与	劳动技能
我是整理大王	1）整理书桌	合理摆放各类用品，每日整理书桌	☆☆☆	☆☆☆
餐前餐后小帮手	2）煮米饭	按照家庭吃饭人数舀米、淘米、加水、煮饭	☆☆☆	☆☆☆
	3）刨果皮	会安全、正确地使用刨皮刀，及时清理厨余垃圾	☆☆☆	☆☆☆
	4）清洗蔬菜	知道不同蔬菜的清洗方法，并能利用空闲时间帮助父母清洗蔬菜	☆☆☆	☆☆☆

续表

类别	项目	劳动要点	学生自评	
			劳动参与	劳动技能
我是清洁小能手	5）清洗书包	使用清洁工具、洗涤用品等正确清洗书包	☆☆☆	☆☆☆
	6）清洗红领巾	规范系红领巾，清洗红领巾，保持红领巾整洁	☆☆☆	☆☆☆

家长整体评价：

自我评价（用简图或简单的文字评价自己的成果、收获以及有待改进的地方）：

表2-12　三年级日常生活劳动项目清单

类别	项目	劳动要点	学生自评	
			劳动参与	劳动技能
护花使者我来当	1）养护盆栽	学习绿植栽培知识，会浇水、施肥，清除病虫害	☆☆☆	☆☆☆
我是生活小能手	2）打扫房间	收拾、整理玩具、书籍、文具等个人物品，并清扫干净地上的垃圾	☆☆☆	☆☆☆
	3）晾晒衣服	合理选择衣架晾晒衣物，保持适当距离	☆☆☆	☆☆☆
	4）垃圾分类	知道垃圾分类的方法，和家人一起实行垃圾分类	☆☆☆	☆☆☆
创意小达人	5）客厅美化	依据客厅大小、需求合理布置客厅，使生活环境更加舒适	☆☆☆	☆☆☆
	6）变废为宝	学习垃圾分类相关知识，充分利用可回收材料	☆☆☆	☆☆☆

续表

家长整体评价：

自我评价（用简图或简单的文字评价自己的成果、收获以及有待改进的地方）：

表2-13　四年级日常生活劳动项目清单

类别	项目	劳动要点	学生自评	
			劳动参与	劳动技能
我是整理大王	1）整理衣柜	根据季节变化，整理当季的衣物	☆☆☆	☆☆☆
我是生活小能手	2）缝钉纽扣	根据纽扣的大小，选用合适的针线，安全缝钉纽扣	☆☆☆	☆☆☆
	3）清洗马桶	正确使用马桶刷清洗马桶，节约用水	☆☆☆	☆☆☆
	4）清洗灶台	将台面用品摆放整齐，将台面清理干净	☆☆☆	☆☆☆
我是做饭小能手	5）蒸鸡蛋羹	掌握蒸鸡蛋羹的方法，注意打鸡蛋羹时水和盐的用量	☆☆☆	☆☆☆
我是环保小卫士	6）践行家庭节能	学习节能相关知识，并带动家人实行节水、节电低碳生活	☆☆☆	☆☆☆

家长整体评价：

自我评价（用简图或简单的文字评价自己的成果、收获以及有待改进的地方）：

表2-14　五年级日常生活劳动项目清单

类别	项目	劳动要点	学生自评	
			劳动参与	劳动技能
我是整理大王	1）整理床铺	叠被子，有序摆放床上用品	☆☆☆	☆☆☆
我是清洁小能手	2）清洗书包	使用肥皂（或洗衣粉）清洗书包，按照一定的顺序将书包刷洗干净，正确晾晒	☆☆☆	☆☆☆
我是生活小能手	3）整理卫生间	按卫生间需求分类整理摆放物品，掌握不同区域的清洁方法	☆☆☆	☆☆☆
	4）清理冰箱	合理清理冰箱内物品，关注冰箱内食品的整理与存放	☆☆☆	☆☆☆
我是做饭小能手	5）番茄炒蛋	掌握用菜刀切番茄的技巧，知道翻炒时的火候和调味方法	☆☆☆	☆☆☆
我是家庭小医生	6）家庭健康指南	学习健康生活知识	☆☆☆	☆☆☆

家长整体评价：

自我评价（用简图或简单的文字评价自己的成果、收获以及有待改进的地方）：

表2-15　六年级日常生活劳动项目清单

类别	项目	劳动要点	学生自评	
			劳动参与	劳动技能
我是整理大王	1）整理储藏室	会分析辨别储藏室里的物品，按照一定的次序摆放	☆☆☆	☆☆☆
我是清洁小能手	2）清洗运动鞋	会选用合适的工具洗刷运动鞋，正确晾晒，节约用水	☆☆☆	☆☆☆

续表

类别	项目	劳动要点	学生自评	
			劳动参与	劳动技能
我是生活小能手	3）勤换被套	会及时换被套，能与家人合作装棉被	☆☆☆	☆☆☆
	4）超市购物	会依据个人和家庭的实际需求合理选购物品	☆☆☆	☆☆☆
我是做饭小能手	5）创意美食	会利用家中的日常食材，做一份有特色的美食	☆☆☆	☆☆☆
我是小园丁	6）种植果蔬	能根据家人喜好选择适合的果蔬进行应季种植	☆☆☆	☆☆☆

家长整体评价：

自我评价（用简图或简单的文字评价自己的成果、收获以及有待改进的地方）：

学生家务劳动手抄报，如图2-5所示。

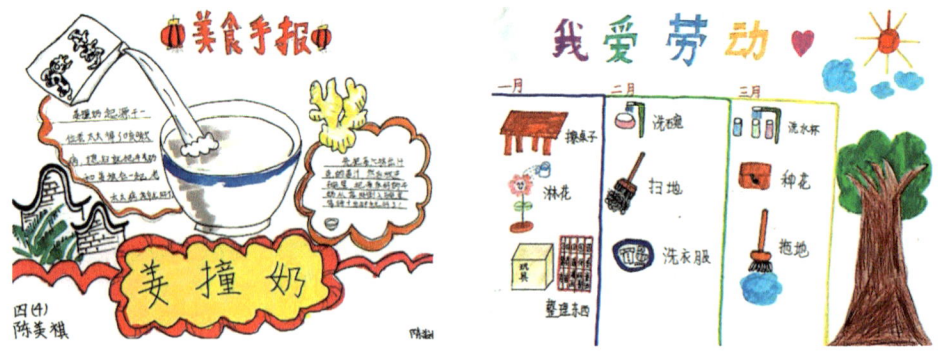

图2-5　学生家务劳动手抄报

三、"小农田"种植

2021年,学校"小厨房,大世界"校本劳动课程实施案例被评为"广州市中小学劳动教育特色成果"。"小厨房,大世界"重点强调的是岭南文化中的饮食文化,其中的汤文化、粥文化和凉茶文化与中草药息息相关。因此,学校劳动教研组系统整合广东知名中草药、饮食文化知识,继续开发了"做劳动能手,品百味人生"劳动实践活动手册,让学生在品尝粤菜的同时了解食材背后的故事。

学校开辟了一个约130平方米的劳动教育实践基地——中草药小农田,供全校学生进行种植和养护实践。依托"做劳动能手,品百味人生"小农田劳动实践活动,学校有针对性地开展中草药种植实践,让学生不再局限于教室,带领学生走出课堂学习知识,保证劳动有场所、劳动有收获。

(一)活动实施

1. 健全制度,规范管理

结合"小农田"的实际建设,学校制定了《富都小学"小农田"管理制度》《"小农田"绿化管理办法》《富都小学"小农田"种植评价标准》等农田管理制度与标准。同时编制了《做劳动能手,品百味人生——市桥富都小学中草药小农田活动手册》(图2-6),有效地保障了劳动实践活动的实效性。

2. 确定方向,规划内容

"做劳动能手,品百味人生"小农田劳动实践活动的种植主要选取金银花、薄荷、巴戟、菊花、石斛、白豆蔻等中草药(表2-16)。这些中草药在广州地区

图2-6 活动手册样式

较为常见,是学生普遍能接触到的,能让学生产生亲切感,激发学生学习的兴趣,进而让学生进行深入学习,加强对常用中草药的了解。

表2-16 "中草药小农田"主要种植内容

中草药名字	实践内容
金银花	1）认识了解金银花；2）探究金银花的种植条件； 3）动手种植金银花；4）品尝金银花茶
薄荷	1）认识了解薄荷；2）探究薄荷的种植条件； 3）动手种植薄荷；4）制作薄荷香包
巴戟	1）认识了解巴戟；2）探究巴戟的种植条件； 3）动手种植巴戟；4）用巴戟进行创意摆盘
菊花	1）认识了解菊花；2）探究菊花的种植条件； 3）动手种植菊花；4）了解中药菊花的功效和作用
石斛	1）认识了解石斛；2）探究石斛的种植条件； 3）动手种植石斛；4）用石斛、猪骨等材料煲汤
白豆蔻	1）认识了解白豆蔻；2）探究白豆蔻的种植条件； 3）动手种植白豆蔻；4）了解白豆蔻的药用价值

3. 专家指引，区域划分

为了充分利用校内的有限区域有针对性地开展中草药种植，在"小农田"建设前期，学校邀请了广州白云山潘高寿药业股份有限公司的专家来校进行现场察看，结合学校的实际情况，专家对"小农田"如何进行区域划分、中草药如何按功能进行分类给予了指导。

学校的"小农田"分为六大区域，分别是一至六年级学生种植中草药的基地。种植区域主要根据中草药的功效划分为静心宁神类、清热解毒类、补气滋阴类、湿理止痛类、清肝明目类、养阴清热类等，每个年级负责一种类型的中草药的种植和养护。

在班主任、劳动课教师的带领下，学生通过调研走访，选取适宜种植的中草药品种，并自主设计农田名称、介绍牌匾、宣传文案，成立各具特色的"中草药宣讲小分队"，做好班内分工表，并设置固定的时间进行养护，确保中草药种植有较高的成功率。

（二）活动过程

1. 讲解说明

课前，先组织学生选择自己最期待种植的中草药，并做好相关的调查记录。接着根据中草药的实用性、可操作性确定本班种植的中草药品种，并做针对性讲解，力求让学生了解劳动项目实施的步骤过程。整个过程中注重劳动观念、劳动能力、劳动习惯和品质、劳动精神的有机融合。

"中草药小农田"种植前调查内容

（1）你知道哪些中草药的名称？
（2）在日常饮食中，你最喜欢哪款汤？里面有中草药吗？
（3）请向家长咨询或到网上查阅广州春季适合种植的中草药。
（4）你最希望种植什么中草药？
（5）种植这些中草药需要用到哪些劳动工具？
（6）种植前需要做哪些准备工作？

2. 项目实施

每班分成6~8个小组，做好分工，明确职责。每天负责养护的同学需要详细记录中草药的生长情况（表2-17）。

表2-17 中草药观察记录表

中草药名称：						
日期	天气	是否浇水	植物高度	植物叶片长度（选最大一片观察）	植物叶片宽度（选最大一片观察）	植物叶片数量

3. 反思交流、榜样激励

学生每周在劳动课上汇报本小组中草药的生长情况，劳动教师针对生长过程中可能出现的干枯、生长缓慢、虫害等情况进行讲解，学生适时调整下一周的养护策略。

少先队根据每班种植成果、学生种植过程的劳动态度、"小农田"的维护程度，每学期评选一批"护绿标兵班"，鼓励学生积极参与校园农田劳动。

第三章

职业体验：生涯教育

> 人生道路千万条，各行各业都能成才。只要矢志追求，努力拼搏，照样可以实现人生抱负和目标。
>
> ——习近平

第一节 生涯教育课程体系的构建

党的十九大报告提出，实现中华民族伟大复兴是近代以来中华民族最伟大的梦想。"中国梦"是一个家国梦，每个人的前途命运都与国家和民族的前途命运紧密相连。青少年是国家的未来，实现"中国梦"需要他们的积极参与和努力。有梦就有理想，新时代下担当民族复兴大任的时代新人，需要坚守理想信念。《中小学德育工作指南》将理想信念教育作为德育工作的首要内容，然而，与中学、大学阶段相比，小学阶段的理想信念教育并没有得到充分重视。因此，我们需要在小学阶段开展理想信念教育，将理想信念教育作为生涯教育不可或缺的组成部分，从小在学生心中埋下理想的种子，为实现"中国梦"助力。

随着素质教育改革的不断推进，学生生涯教育的重要性逐渐凸显。生涯教育是实施素质教育的有效手段，关系到国家未来人才的质量。学校的生涯教育对学生理想信念的建立起着积极的作用。虽然目前我国高等学校职业指导发展态势良好，但小学职业生涯规划教育却没有得到充分重视。此外，大部分家长对小学生的生涯教育也不够重视。例如，有的家长完全忽视学生的未来发展，只关注学生当下的分数；有的家长对生涯教育束手无策；有的家长倾向功利主义，忽略了学生的兴趣与选择……在新时代的家庭教育中，生涯教育是父母的必修课。对学生的培养绝对不是片面式的，也不是仅靠学校教育就可以完成的，而是应该有全局观。这个"全局观"对于学生而言，就是要提早进行贯穿全生命周期的生涯规划。

基于上述现实背景，富都小学采取学校与家庭携手联盟的方式，以心理健康教育为切入口，将理想信念与生涯教育相融合，开展了"梦想，从学校起航——生涯教育促进理想信念教育"的校本行动研究。一方面，对学生进行社会主义核心价值观的培养教育；另一方面，帮助学生更好地了解自己、认识社会，引导学生对自己的未来进行规划和设计，将自己的理想、憧憬与校园学习相结合。

该校本行动研究以综合实践活动为载体，以培养学生情商为主线，把学校打造成一本立体的"书"，为学生应对未来社会挑战作准备——将理想信念和生涯教育的种子播种在学生的心田，使学校成为每一名学生"梦开始的地方"。

一、课程目标

苏霍姆林斯基认为，教育的效果取决于学校与家庭教育的一致性，如果没有这种一致性，那么学校的教学和教育就会像纸做的房子一样塌下来。教育的成功必然要靠家校合作共育，家校双方必须以学生为中心，各尽所能，合作共育，从学校主导、家庭配合的低层次合作，走向学校与家庭积极合作、共同发展的高层次共育。只有这样，才能实现教育的高质量发展及学生的全面发展。为此，富都小学的"生涯教育促进理想信念教育"活动采用了学校与家庭携手联盟的方式，旨在引导家长们树立正确的养育观念，让学校、家庭共同帮助学生成长为更好的自己。

生涯教育是个人成长的导师，是人生理想的明灯。在办学理念的引领下，学校于2016年开展广州市级课题"社团文化与综合实践活动课程融合"的行动研究。随着课题的深入研究，学校把"生涯教育促进理想信念教育"作为课题的重点研究方向，希望通过小学生的职业规划活动，放飞学生的童年梦想，让学生的美丽人生从"美心"教育开始。

二、课程原则

（一）活动系列化

学校根据学生不同年龄阶段的重点开展相应的活动。在低年段，以"认知为主，实践为辅"进行理想职业探索；在中年段，以"感悟为主，实践为辅"进行理想职业模拟；在高年段，以"体验为主，实践为辅"进行理想职业体验与规划，促进活动层层递进、螺旋上升。

（二）活动课程化

思政课是落实立德树人根本任务的关键课程，是学校"生涯教育促进理想信念教育"活动的重要阵地。为此，学校生涯课程的活动从思政课起航，以心理健康教育为切入点，实行各学科渗透融合的模式，使活动课程化。

（三）活动合作化

学校要想做好"生涯教育促进理想信念教育"活动，就必须加强与家长之间的合作，在学校层面以及和家长联合互动层面提出理性的思考，从而保障"生涯教育促进理想信念教育"活动的研究与实施，为学生的发展奠定良好的基础。

三、课程体系

（一）构建培育理想信念的系列化内容体系

在"生涯教育促进理想信念教育"活动中，学校确定以"我的未来我做主"为活动主题，并以"让理想在合适的温度、水分、土壤中成长"为活动理念，构建了培育理想信念的系列化内容体系（图3-1）。其包括一个主题、两种手段、三条渠道、四个特色，一个主题指"我的未来我做主"；两种手段是指校本课程开发与家校联盟合作；三条渠道分别为：一条主渠道——广州市智慧阅读试点学校研究工程；两条辅助渠道——广东心理健康特色研究工程和番禺区综合实践校研究工程。四个特色包括职业探索（走进书里）、职业模拟（走进活动）、职业体验（走进生活）、职业规划（走进成长）。

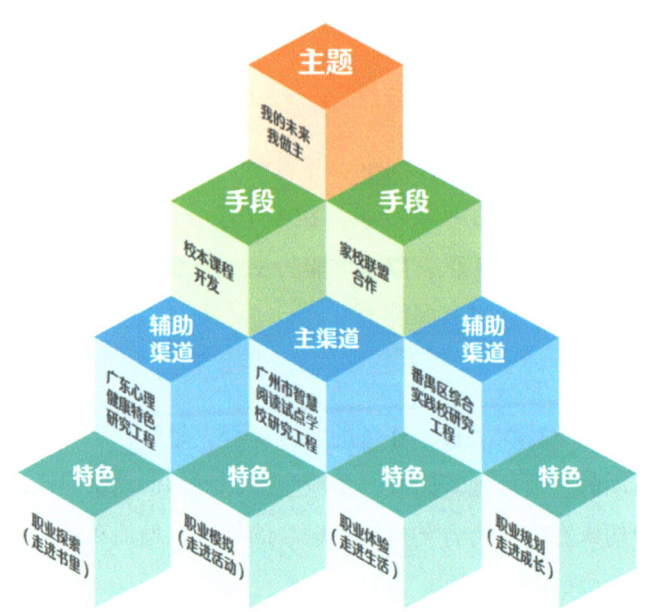

图3-1　培育理想信念的系列化内容体系

（二）构建生涯教育内容体系

学校抓住"美心教育"的品牌特色，以"心理健康"为蓝底，构建了学校的生涯教育内容体系（图3-2）。该体系以"扬心善、促心健、启心智、塑美行"为分支，分别对应"爱心与责任、心理与健康、科技与创新、行为与习惯"四大类。

（三）构建生涯教育操作体系

为使生涯教育得以落实实施，学校构建了生涯教育操作体系，从融入世界、融入生活、融入社会三方面进行。

融入世界，是为了培养学生的国际视野，让学生走向世界。借助庆祝传统文化节日、阅读等实践活动，拓展学生了解世界的视野，引导学生更好地与世界共处。

融入生活，是为了培养学生的公民素养，让学生探索生活中与自身健康成长的相关问题，引导学生更好地关爱自己、关爱家人，用更好的方法解决现实中的问题。

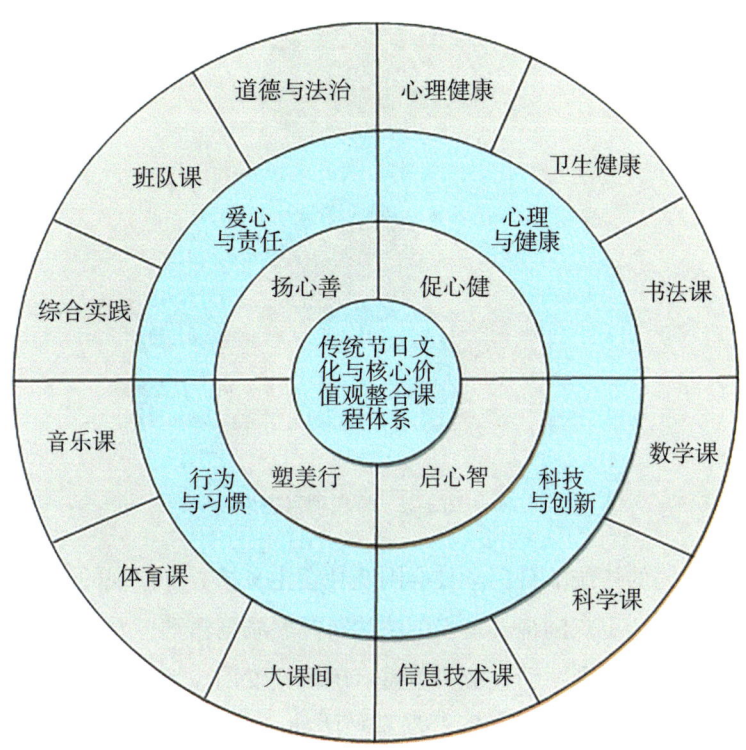

图3-2 生涯教育内容体系

融入社会，是为了培养学生的家国情怀，让学生走出学校、走进社会体验生活。学校鼓励学生探讨与我国古今相关的话题，引导学生关注社会现状与未来发展趋势，为学生将来建设社会赋能。

（四）以拓展活动深入课程实施

随着课程活动的深入，学校开展"弘扬中华传统节日文化，培育和践行社会主义核心价值观"系列活动，让核心价值观教育与传统节日融合，将育人和学科课程、学科教学相整合，提出了"家国情怀、天人合一、贵和尚美"的项目理念——分别对应课程化、生活化、活动化（图3-3）。

图3-3 特色项目理念

对于不同的传统节日,学校会围绕社会主义核心价值观的不同内容开展活动。例如,春节重点围绕"富强、法治"开展系列活动;元宵节重点围绕"自由、友善"开展系列活动;清明节重点围绕"爱国、平等"开展系列活动;端午节重点围绕"和谐、敬业"开展系列活动;中秋节重点围绕"文明、诚信"开展系列活动;重阳节重点围绕"文明、和谐"开展系列活动;冬至重点围绕"公正、民主"开展系列活动。

四、课程设计

生涯教育在小学阶段侧重生涯启蒙,主要引导学生发现兴趣爱好,初步建立自我认知,了解社会常见职业及需求,提高自我管理和人际交往的能力,建立对未来的好奇与向往,树立正向的生涯信念。因此,学校基于"梦想,从学校起航——生涯教育促进理想信念教育"的校本行动研究,在生涯探索课程及活动中,围绕"自我认知、自我管理、职业体验"这三个方面内容进行设计,让学生客观地认识自我,同时在对各种职业的初步认识和体验的基础上,产生初步的职业认同感。

1. 生涯探索课程

该课程的目标是让学生发掘自身兴趣爱好及优势,提高自我管理的能力,产生初步的职业认同感,萌发未来职业理想。根据这一目标,学校将课程分为低年段（10课时）、中年段（11课时）、高年段（12课时），主要在心理课、综合实践活动课上实施。各段的课程内容如表3-1所示。

表3-1 生涯探索课程内容

主题	年段	课程内容
自我认知	低年段	我喜欢我自己；我是棒棒的；我喜欢的事；长大后，我想……
	中年段	我的说明书；我自信我能行；我的兴趣爱好；未来时光机
	高年段	接受不完美的自己；优势伴我飞翔；探索兴趣星空；梦想叩响未来之门
自我管理	低年段	我的情绪"小可爱"；我能管好自己；学习真有趣；神奇的24把椅子
	中年段	情绪的色彩；我是自控小达人；跳一跳、够得着；打败"拖拉怪"
	高年段	情绪调节有良方；自控三部曲；学习有计划；时间管理密码
职业体验	低年段	爸爸妈妈做什么；谁是最厉害的人
	中年段	职业大比拼；我喜欢的职业；模拟招聘会
	高年段	职业知多少；初探职业价值观；我的职业兴趣岛；令人心动的offer

2. 生涯探索活动

生涯探索活动主要围绕"职业体验"这一板块的内容，结合学校的特色活动，将生涯教育内容融入活动，重在让学生通过体验去认识各种职业、了解各种职业要求的必备品质和核心能力。

学校结合目前公认的职业分类，从七大职业种类中各选取若干与学生较为贴近的具体职业，引导学生进行职业体验活动（表3-2）。生涯探索活动实施形式包括心理趣味游园会、课后服务"430"个性化社团、"小小职业体验师"以及"美心"家长大讲坛。

表3-2 职业分类

序号	职业类别	具体职业
1	国家机关、党群组织、企业、事业单位负责人	事业单位负责人、企业负责人、校长、院长、董事长、总裁、总经理
2	专业技术人员	科学研究人员（科研助理）、工程技术人员（工程师）、飞行员、医生、律师、教师、金融业务人员（理财经理）、文学艺术工作人员（演员）
3	办事人员和有关人员	行政办公人员（前台、财务、文员）、消防员、保安、邮政和电信业务人员
4	商业、服务业人员	销售、仓储、餐饮服务人员（服务员、酒店经理）、司机、社区工作者（社工）
5	农、林、牧、渔、水利业生产人员	护林员、养殖员、水利工程养护人员
6	生产、运输设备操作人员及有关人员	勘测员、矿物开采人员、金属冶炼工、纺织师、供电人员、环境监测员、印刷工
7	军人	军人

3. 生涯探索记录册

为了记录学生的成长足迹及收获，学校设计了生涯探索记录册——《生涯体验，"育"见美好》。册中具体内容如表3-3、3-4所示。

表3-3 生涯探索记录手册内表（1）

活动主题			场所	
主讲（负责人）		时间	体验馆	
本次活动我了解到的职业是：				
每天工作时长			主讲人工作年限	
工作环境				
主要工作内容				

续表

需要具备的品质	
需要具备的资格、能力	
招聘基本要求	
经过这次职业体验，我的感想和最大收获	

表3-4　生涯探索记录手册内表（2）

活动主题				场所	
主讲（负责人）		时间		参加人员	
职业介绍	如：工作内容、工作性质、所需能力、必备品格、职业成就感……				
希望通过＿＿＿＿＿＿活动，孩子们能够：					
知道					
体验					
学会					

在"生涯教育促进理想信念教育"活动中，学校以多元活动为载体，依靠家长资料、社会资源，让学生走出课堂，走进社会、走进企业、走进机关单位进行体验式学习；采用"立体式教育"模式，建立以学校教育为基地，学校教育、家庭教育、社会教育三结合的教育结构，组成一个新的教育整体，让教师、家长、社会人士以及学生自己都成为推动教育的一部分。

我们期望学校作出示范教育，成为家庭教育、社会教育的组织者、指导者，使家庭教育、社会教育跟学校教育目标一致，从而对学生产生更积极的、更有效的定向影响，让学生在生涯教育中坚守理想信念。

五、课程实施

（一）走进课程

学校以"基础性课程、拓展性课程、综合性课程"为纵线，以"学科整合课程、主题研究课程、创意实践课程、活动策划课程、戏剧表演课程"为横线，构建立体课程体系。

为了找准活动的抓手，学校开发了高、中、低年段校本课程，每个课程分为"走进课本"和"走进生活"两部分。课程内容主要是介绍相应的职业，并引导学生以综合实践活动的形式开展对应的职业探索："走进课本"的职业是对应年段的各科学习中出现的职业，"走进生活"的职业是学校对相关年段学生感兴趣的职业进行调查后确定的。教师利用综合实践课让学生进行职业模拟，激发学生的求知欲。

学校在活动中重视学科渗透，结合学校的"广州市智慧阅读试点学校阅读工程研究"有机开展活动。在开展全学科、全方位阅读活动中，教师根据学生对事物、对职业充满好奇的年龄特点，有意识地把学生引进知识的海洋。例如，信息科组以"奇幻科技，成就天才"为主题，语文科组以"文字激扬，未来作家"为主题，体育科组以"我的偶像"为主题，美术科组以"色彩，装饰世界"为主题，音乐科组以"舞出美丽的境界"为主题，等等，构建生涯教育立体课程体系。在日常学习中，各学科教师要把职业介绍融入学科教学。教师会在备课时有意识地挖掘职业元素，在课堂结束前2分钟见缝插针式地引导学生看课外书。例如，在五年级下学期关于数学《图形》的教学中，教师用导语激发学生："我们知道了艺术家们利用几何学中的平移、对称和旋转，设计出了许多美丽的图案。这些艺术家叫民族工艺师。今天的作业是从网上找民族工艺师的相关材料，从他们的作品中识别哪些图案是平移的，哪些图案是对称的，哪些图案是旋转的。"

（二）走进活动

为了能够提高学生的斗志，增强学生的自信心，培养学生的毅力，树立学生集体荣誉感，增强学生的团队凝聚力，更为了让学生不断挖掘自己的潜能，学校开展多样化的校内活动。

1. 走进班会课

班会课是思想教育的主要阵地,也是班主任对学生进行理想信念引导、建立和教育的重要途径。因此,在班会课中渗透生涯教育,能为学生应对未来社会挑战作准备。

2. 走进社团

社团是学生们最感兴趣、最接近真实的模拟场景。为了学生的全面成长,学校开设了28个创意社团,供学生自由选择(表3-5)。

表3-5 学校创意社团

序号	项目	任课人员来源
1	软笔书法社团	社会优质资源社团
2	魔方社团(三、四年级)	新造职中优质社团
3	魔方社团(五、六年级)	新造职中优质社团
4	幻彩魔术社团(三年级)	新造职中优质社团
5	幻彩魔术社团(高年段)	新造职中优质社团
6	十字绣社团	新造职中优质社团
7	丝网花社团	社会优质资源社团
8	硬笔书法社团	社会优质资源社团
9	漫画社团	社会优质资源社团
10	超轻黏土社团	社会优质资源社团
11	黏土造型社团	新造职中优质社团
12	乐学社团	本校:崔玲、黄瑞珍
13	广绣社团	新造职中优质社团
14	博弈棋艺社团	新造职中优质社团
15	巧手剪纸社团	新造职中优质社团
16	戏剧社团	本校:蒋家红、甘露凝
17	创意DIY社团	新造职中优质社团
18	新月动漫社团	新造职中优质社团

续表

序号	项目	任课人员来源
19	服装设计社团	新造职中优质社团
20	艺术插画社团	新造职中优质社团
21	励强武术社团	新造职中优质社团
22	F&D街舞社团	新造职中优质社团
23	新魅健美操社团	新造职中优质社团
24	新速轮滑社团	新造职中优质社团
25	风雨羽毛球社团	新造职中优质社团
26	足球社团	社会优质资源社团
27	篮球社团	新造职中优质社团
28	乒乓球社团	新造职中优质社团

（三）走进评价

在"生涯教育促进理想信念教育"活动中，学校提出要给学生留下童年印记，为此学校建立了学生评价数据库——"成长小册子"。根据心理健康的特点，小册子记录的内容有：学生的爱好、性格、理想、成果、心得、教师与家长评价等。

以"成长小册子"为载体，以家校共同评价为手段，用数据为学生成长导航，全面、客观地记录学生的成长轨迹，积累多维度的学生成长数据，让反映学生发展状态的数据完整显示出来，使学生在宽松、自由的环境中激发思想、熏陶品格、发展个性。

此外，学校以"我的理想"为主题开展手抄报、科幻画、作文、演讲等比赛，开展职场模拟等活动，丰富校本课程的形式。更以"挖掘优才、奇才"为宗旨，采取自我推荐、家长推荐、教师推荐的形式，每个学期表彰一批"小达人"，让学生充分认识自己，不断发现自身的兴趣与潜能，坚定自己的理想信念。

（四）走进生活

从模拟课堂走向实战教学，是"生涯教育促进理想信念教育"活动的教学亮点。为了提高教学效能，学校通过开展丰富多彩的校外职业体验活动弥补课堂教学上的不足，让学生在活动中进行理想探索、理想追求，从而促进学生智能的全面发展。

在校外活动中，采取职业访问和职业体验两种学习方式。学校鼓励家长把学生带进企业、医院、社区、公安机关、研究所、酒店等工作单位进行职业访问和职业体验，活动范围覆盖各行各业。为学生安全保驾护航，形成系列保障措施：一是建立"富都小学校外职业体验"安全制度，二是形成"富都小学校外职业体验"资源库，三是建立"富都小学校外职业体验"评价体系。

除此以外，学校尤其关注学生的情商开发。紧抓本校是广东省心理健康特色学校的契机，将"团队心理辅导"与"我的未来我做主"系列德育活动相结合，有效指导学生管理好自己的情绪。

（五）家校联盟

为了培养学生具有长远的目光，学校与家长共同设计了以下三个评价工具，让学生在生涯教育中不断认识自己、完善自己，最终找到自己真正的理想。

第一，形成学生职业规划的评价工具（表3-6）。

表3-6 学生职业规划评价工具

我是谁？	理清优点与缺点
我喜欢什么？	理清理想
我的特长是什么？	理清潜能或能力
我的目标是什么？	确定目标阶梯
我会遇到什么困难？	客观认识世界

第二，形成教师指导学生职业规划的工具（图3-4）。

第三，形成家长指导学生职业规划的工具（图3-5）。该工具主要提供职业生涯规划的5个步骤，让家长更有条理地指导学生进行职业规划。

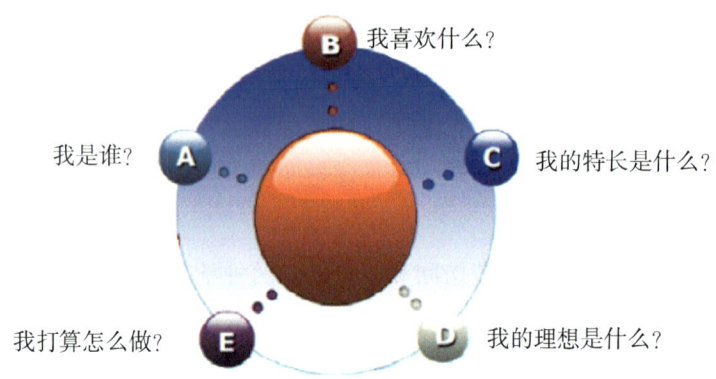

图3-4 教师指导学生职业规划的工具

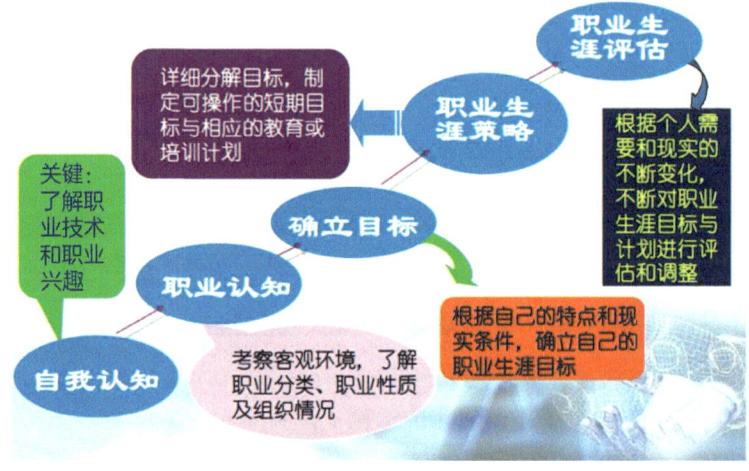

图3-5 家长指导学生职业规划的工具

第二节 职业体验课程："职"面未来

对于每一位学生来说，他们时时刻刻都会在生活中、想象中、知识学习中接触到很多不同种类的职业，使得他们都会对自己未来的职业有着种种憧憬。假如学校能给学生提供一个模拟体验职业的机会，这对于学生来说是一件多么有趣和向往的事啊！

《中小学综合实践活动课程指导纲要》中指出："职业体验指学生在实际工作岗位上或模拟情境中见习、实习，体认职业角色的过程，如军训、学工、学农等，它注重让学生获得对职业生活的真切理解，发现自己的专长，培养职业兴趣，形成正确的劳动观念和人生志向，提升生涯规划能力。"为了培养富都学子的新精神和实践能力，学校开展了与职业体验相关的活动，希望学生在职业体验活动中，通过实地演练、查阅书籍、网络平台等多种方式搜集相关资料，更深入地实现自身的自主性、生成性和探究性，让学生以小主人翁的姿态，在心中燃起为祖国作贡献的激情。

在"'职'面未来"职业体验课程中，我们设置了四个板块，每个板块中设计若干个职业主题，在主题下开展各种丰富的职业体验活动（表3-7）。

表3-7 职业体验课程板块

类别	职业
传统艺术我传承	茶艺师
	泥塑艺人
	民族工艺师
	木匠
幸福生活我创造	演员
	服装设计师
	化妆师
	收纳整理师
	导游
理想社会我担当	消防员
	高铁司机
	建筑师
	新闻记者
	税务师
世界奥妙我探索	气象观测员
	地质学家
	考古学家
	天文学家

《中小学综合实践活动课程指导纲要》中指出:"职业体验关键要素包括:选择或设计职业情境;实际岗位演练;总结、反思交流经历过程;概括提炼经验,行动应用。"以此为依据,学校在设计职业体验课程的各种方案时,应注意以下几点:

首先,激发兴趣,培养队员们自主、合作以及探索的能力。在综合实践活动中,教师鼓励学生选择自己喜欢的合作伙伴组成合作小组,在小组成员分配工作时,让学生根据自己的特长选择自己在小组里承担的任务。以此给学生个性的发展创造空间,使每个小组成员之间有了惺惺相惜的感觉,团队精神将大大增强,为活动的顺利进行打下坚实的基础。

在活动中,强调队员们在活动中的主体地位,培养队员们自主、独立的学习习惯和能力。在活动中让学生自主选择、自行设计和组织活动,给学生较大的选择空间,让学生通过亲身体验,做到有所感受、有所发现。同时,引导学生在完成分内工作的前提下去帮助别人、协助别人开展调查研究,尽可能让每个学生都获得参加综合实践活动的积极体验和丰富经验。

其次,注重探究式学习方式,在实施活动中鼓励、培养学生的创新意识。在让学生进行实践活动的过程中,我们的出发点是让学生走进生活,切实地进行调查研究,关注学生搜集、整理资料的能力。例如,学生带着自己制作的各种样子的调查表,拿上笔、纸奔出教室时,教师就引导队员们设计出以"读、写、讲、画、做"为主的活动形式,指导学生不仅要在收集大量阅读资料的过程中了解与某职业的工作职责相关的知识信息,更要在各种情景中写出、讲出、画出自己所感受到的知识,并在实践的过程中体验生命的重要性。我们欣喜地看到,学生正在他们自己的研究中变得胆子大了、勇气足了、善于思考了,并学会了运用多种方法解决问题。

最后,改变评价方式,注重学生的感受和体验。以学生为主,教师不能一味地惦记着"给"学生什么,而要关注我们能为学生"做"什么,注重学生的感受和体验。综合实践活动的本质特性就是生成性。随着活动的不断开展,学生的认识与体验也在不断地加深,教师在评价时并不要求学生的调查成果有多具体,而是要以学生调查的热情度高低、合作是否默契、参与人数的多寡作为评价的依据。

一、传统艺术我传承

随着现代社会的发展，传统艺术逐渐没落。在小学教育中，传承传统艺术显得尤为重要。小学阶段是学生接触艺术的起点，通过将传统文化融入课堂教育的方式，不仅可以培养学生的审美情趣，有助于培养学生的创造力和想象力，还能够让学生了解和尊重自己的文化根源。

当前，传统艺术的传承面临一些挑战，需要结合小学教育实情，并与现代教育相结合进行传承。为实现小学传统艺术文化的传承，富都小学选择民族工艺师、泥塑艺人、木匠等职业，设计了若干个主题综合实践活动。

民族工艺师是指那些从事民族传统工艺领域设计、制作工作的劳动人民。民族工艺师选用适当的原料，利用工具和设备，运用简单的生产手段生产出简练、朴素、端庄、明快的工艺品。按照制作技艺的不同，可以把民族工艺师分为绘画类、塑作类、编织类、剪刻类、印染类等工艺师。民族工艺品是传统文化的一部分，反映各民族丰富多彩的生产生活方式、民俗、民风及优美的自然风光，它们既能满足人们的物质需要，也带给人们美的享受，是民族璀璨文化的典型代表。民族工艺师可以把民族工艺品文化发扬光大，为社会主义精神文明建设增光添彩。

泥塑艺人是专门从事泥塑艺术品制作的人，他们大多数不仅会绘画、书法，而且懂泥瓦工、砖工、木工、雕刻等知识。一块普通的泥土和一把普通的刻刀，在他们手里翻动，像变魔术一样，转眼一件惟妙惟肖的作品就诞生了。随着时代的发展，机器渐渐取代了手工业者成为主要生产力，曾经的那些手工艺品也在慢慢消失，一些手工制作技艺也逐渐失传。但仍有一些身怀绝技的民间泥塑艺人们还在坚持，是为了心中的热爱，更是为了这些文化遗产能永久地传承下去。学校开展"我是泥塑工艺小传人"体验活动，目的在于让学生从小了解泥塑文化，走近泥塑艺人，体会工匠精神，激发对泥塑艺术的兴趣与热情，增强民族自豪感，传承中国传统文化。

木匠是一种古老的行业，他们以木头为材料，伸展绳墨，用笔画线，拿刨子刨木头，用量具测量，制作出各种各样的家具和工艺品。木匠从事的行业比较广泛，他们既能制作各种家具，也能在建筑行业、广告行业等发挥力量。比如建筑行业，要通过木匠来做必不可少的门窗等。学校开展"我是木匠小传人"活动，旨在让学生了解家具的制作过程，感受木匠的职业价值，同时了解木匠使用的各种工具，能进行一些简单家具的设计与制作。

以"我是木匠小传人"活动设计为例：

【活动一：活动方案的策划】

首先，利用多媒体展示有关"木匠"的图片及视频，通过讨论激发学生的研究兴趣，生成主题，分解话题。其次，把班级分为5个活动小组，确定研究内容和调查方向。最后，展示范例，分步指导，教会学生根据本小组的特点设计活动方案。

（1）课前让学生搜集资料，填写资料收集卡，初步了解"我是小木匠"的一些基本情况。

（2）课堂上利用多媒体，采用图文结合、录像等的形式，使学生认识活动主题，激发学生进一步探索的欲望。

（3）学生根据教师展示的资料，提出想研究的问题。

（4）确定主题后，教师引导学生分成小组，讨论任务分工和探究主题的计划。

（5）集体交流汇报分工及小组探究计划，共同商议，对计划进行修改。

（6）成立学习活动小组，各组制订详细的调查计划和方法，设计调查表格和访问记录表。组员分工，商讨在调查中可能出现的问题及解决办法。

按自愿原则组成4个小组，选好组长：第一小组为"鲁班小组"，调查主题是寻找木匠的故事；第二小组为"爱心小组"，调查主题是木匠的工具；第三小组为"聪明小组"，调查主题是木匠工艺的分类；第四小组为"活泼小组"，调查主题是木制家具的制作。

【活动二：实践活动】

实践活动包括问题讨论课和探究活动课，共2个课时。这一阶段主要是让学生通过调查问卷、采访家庭、教师指导，亲自动手制作简易家具等，体验团结合作的力量，体会调查的重要性、采访的技巧性和调查的科学性。

（1）教师集中指导，逐步完善各小组活动安排。

（2）各小组展开活动。

第一小组：小组成员互相交流自己收集的关于木匠的故事，然后整理关于广州木匠的名人故事；利用课余时间采访家里的长辈，上网搜集有关的内容，通过绘画等形式丰富调查研究的结果。

第二小组：小组成员通过电视、报纸、网络了解有关木匠的实用工具以及特性，把了解到的信息记录下来，回到班里进行交流。

第三小组：利用废旧物品制作一些装饰品，并尝试制作一个广州馆的小模型。

第四小组：小组成员参观家具工厂并了解家具制作的情况，对每个制作过程的细节进行交流，增长知识；动手做一做，参与到家具的设计和制作过程中；最后完成家具设计与制作体验方案表（表3-8）。

表3-8　家具设计与制作体验方案表

小组名称		组长	
活动主题			
体验地点			
体验目标			
成员分工			
体验内容和步骤			
总结			

【活动三：交流活动】

（1）回顾前期活动，引入交流评价活动。

（2）展开交流活动。

①成果交流，明确要求。

②自主交流，谈谈收获与困惑。

③汇报交流，反思建构，提出解决困惑的建议。

（3）评价活动。

①自我评价。

②小组互评。

（4）教师指导下一阶段活动。

①小结"交流活动",评选出优秀小组。
②教师提问:下一阶段你打算怎样展示自己的成果?

【活动四:成果展示】

(1)主持人结合多媒体课件回顾班级的活动情况,介绍各小组的情况。

(2)各小组采用不同的方式进行成果展示。

①投影展示同学们收集的资料,小组成员在旁边汇报补充。

②展示手抄报(图3-6)、绘画作品。

③借助讲故事、诗朗诵等形式,了解"我当家"的知识。

④展示手工作品。

⑤让学生先说后写,写出自己参加这次综合实践活动的感受和收获。

(3)教师进行活动小结。

①学生学会利用多种途径研究木匠这一职业,学会运用自己的语言描述所掌握的信息。通过亲身实践,学会在实践中探究,增强自身的探究和创新意识,提高综合实践能力。

②学生通过调查、访问、查阅图书和上网等方式收集有关信息,提高对收集到的信息进行简单加工处理的能力。

③学生通过小组自主参与活动,用科学的方法研究自己感兴趣的问题,学会分享共同的劳动成果,培养自身的合作意识和合作能力。

 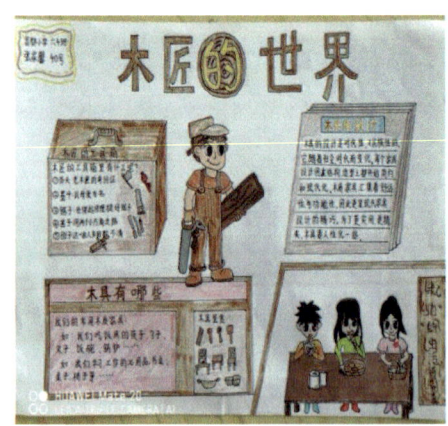

图3-6 学生手抄报作品

（4）评价活动。

完成自我评价表（表3-9）、小组互评。

表3-9 职业研究活动自我评价表

小组活动主题/研究的职业			
评价内容	☺☺☺	☺☺	☺
对此职业有了更深的了解			
懂得实现理想职业的努力方向			
参加职业研究对我启迪很大			
我在活动中表现得最好的方面			
我在活动中需要加强的方面			
我在活动中有这些收获			

综合实践活动的总目标是密切学生与生活的联系，推进学生对自然、社会和自我之内在联系的整体认识与体验，发展学生的创新能力、培养好的个性品质。"我是木匠小传人"这个活动课程正好符合这一总目标。该活动能将调动学生积极性的理念贯穿始终：课前，通过视频与图片导入课题，让学生走进家具工厂，了解家具工人的工作日常，让学生对木匠这个职业有初步的认识和体验。在多媒体资源和社会资源的融合下，学生自主发现问题、解决问题、动手实践，既锻炼了解决问题、动手操作的能力，又体会到了成功的快乐，符合综合实践活动的自主性、实践性、整合性等组织原则。

该活动让学生掌握了拼装的方法和技巧，学生学习热情高涨，活动气氛活跃。学生在活动中不但习得了简单的操作技能，体验了工艺人角色，而且扩大了视野，形成了正确的劳动观念。更重要的是，学生对木工工艺产生了认同感，为自己成为"木匠小传人"感到自豪，懂得了尊重木工工艺传人、木工工艺文化，在小组动手合作中加深了对职业生活的理解，培养了职业兴趣。活动结束后，通过日记、手抄报等形式，提高了学生的自我总结能力。相信在以后的活动过程中，学生会表现得更精彩，在活动中积累更多的经验，更好地完成课题的选定和活动计划。

二、幸福生活我创造

"三百六十行，行行出状元。"演员演绎人生百态；服装设计师装点生活；化妆师在指尖下将平凡变非凡；收纳整理师让空间回归秩序、让心灵得到释放；导游把快乐传递给每一位游客……这些五花八门的职业，缔造了幸福生活，为我们的生活创造了美，带来了快乐。富都小学选择这些职业作为"幸福生活我创造"板块的内容，引导学生发现生活的美，热爱生活。

演员是对戏剧、电影、音乐、舞蹈、曲艺、杂技等表演者的通称，通常演员可借助舞蹈、歌唱，或只是在广播中配音演出戏剧角色。这些角色和生活中的人一样，自身具有能体现出自身经历、身份、教养、性格特征等个性因素的独特气质，是对生活中的人的艺术概括。

服装设计师是指对服装线条、色彩、色调、质感、光线、空间等，进行艺术表达和结构造型的人。作为一名成功的服装设计师，不仅要有一定的色彩和绘画基础，还要对纺织品原料、服装风格等有全面了解；并且要具备创意设计能力，色觉、空间感和形体知觉要好，同时具有较强的学习能力。

化妆师是指为达到更好的表演和舞台效果，服务于演员的造型设计人员；以及运用化妆品和工具，对普通顾客的头、面部等身体局部采取合乎规则的步骤和技巧（如对人的面部、五官及其他部位进行渲染、描画、整理，增强立体印象，调整形色，掩饰缺陷，表现神采等），从而达到美化容颜的目的，并以此为职业的专业人员。

收纳整理师是提供家居整理、收纳方案和服务的专业人士，帮助客户合理规划空间、物品、人三者之间的关系。收纳整理师会根据客户的生活习惯来合理解决空间储物收纳问题。在整理过程中，收纳整理师通过对物品的筛选和合理利用家庭里的每一处空间，让家中每件留下的物品都有自己的"小窝"，旨在经过整理的评估判断让人们更懂得珍惜所拥有的物品，让客户住得更舒适、更愉悦。

导游即引导游览，是指让游客感受山水人文之美，并在这个过程中给予游客食、住、行等各方面的帮助，解决游客在旅游途中可能出现的问题的专业人员。为了将课堂教育和综合实践活动紧密结合，培养学生的实践能力，富都小学开展了导游体验活动——以中国的历史文化和地理景观为主线，让学生合作探究各地的风景特色，通过实地考察的方式了解中国的地大物博，在接受知识的基础上进行职业体验。该活动借助为游客讲解景点、文化来实现服务家乡、服务社会的责任担当，引导学生内化爱国精神、厚植爱国情怀，充分感受祖国山河的魅力，激发对祖国的热爱之情。

以一年级为例，在统编版《语文》一年级下册第二单元第二课《我多想去看看》中，作者用独特的方式描述了北京、新疆等地的景色。根据延伸学习主题，学校开展了"我是一名小导游"综合性实践活动，让学生在综合化的实践课程里亲历探究体验，丰富学生的童年生活，提升学生的综合素质。活动设计如下：

【环节一：主题引入】

教师出示课件，利用图片和视频激发学生参加活动的兴趣。在小组合作学习中生成主题——"我是一名小导游"，并以此主题开展综合性实践活动。

全班学生分为4个学习小组，共同制定活动主题和活动形式：第一个小组是"飞跃小组"，主题是"我是富都小导游"，采用校内导游模拟的活动形式。第二个小组是"前进小组"，主题是"我有导游的编辑能力"，采用编写手抄报、书签的活动形式。第三个小组是"卓越小组"，主题是"我是实地考察家"，活动范围包括学生家中、番禺博物馆、长隆野生动物园、阳江海陵岛等。第四个小组是"非凡小组"，主题是"我是一名创作者"，采用创作导游感想的活动形式。

【环节二：活动实践】

教师进行集中指导，协助各小组完善活动计划。学生利用两周时间分小组探究。

第一小组：小组成员进行导游的职业体验，利用课间及学校的大型活动进行详细介绍。介绍前，小组成员商定校园景点的介绍内容，并准备好道具。

第二小组：以"我是小导游"为口号，要求每个组员准备一份手抄报。

第三小组：小组成员利用网络搜集资料，自行撰写导游词，在家长的带领下参加社会实践活动，模拟导游进行实地考察。每一位组员上交一张图片或者一段视频。

第四小组：小组成员以"我口写我心"为线索，写一篇导游感想。

【环节三：活动交流】

学生准备好导游词、图片，并做好实地考察、在家模拟等准备工作；介绍某个地方的风景、地理位置、习俗、特产、历史、气候、人物以及自己喜欢该地的理由。

活动要求小导游语言流利、大方得体、声音洪亮、生动有趣；要求听众安静专心，介绍完毕后，可以进行点评和提问。经过学生之间的精彩分享，最终评选出"优秀小导游"。

【环节四：成果展示】

各小组的组长先总结活动情况，然后进行作品展示。

"我是一名小导游"活动有几个亮点：一是主题突出。该活动各环节紧扣创新精神和实践能力教育的理念，以中国的历史文化和地理景观为主线来让学生认识中国、了解中国风景，培养了学生的实践能力。二是参与广泛。全班学生分组进行实践活动，让每一位学生都有参与学习和体验的机会。三是强调学生的自主性。活动以直接体验为基本方式，以学生的个性、实践能力培养为基本目标。活动中，学生的主体参与意识明显提高、自主性不断增强，学习了很多导游必备的能力，且在实践中获得了对生活全新的感受，获得了新知识。四是培养学生个性。教育实践要凸显学生的个性发展，构建以社会生活矛盾问题的认知、探思为基础的师生交往互动教学课程体系，将知识、技术学习作为提升生命能力的手段。该活动充分地将学生个性潜力发挥出来，真正做到"学生是课堂中的主人"。

三、理想社会我担当

社会是一个分工协作的大集体，没有合作就没有社会，没有分工也没有社会。每个人在社会中从事着不同的行业，各行各业的人才共同推动着社会的进步。建设社会主义和谐社会，需要每个行业的人用专业的技能、高尚的道德情操深耕自身的行业，在社会中贡献自己的力量。为此，富都小学选择了建筑师、新闻记者、消防员等不同的社会职业来激发学生的职业兴趣，引导学生主动承担社会责任，为构建理想社会出力。

建筑师是指以建筑设计为主要职业的人，在建筑营造领域，建筑师需要扮演一种在建筑投资方和专业设计方（如机电设计、结构设计）及施工方之间的沟通角色。为让学生了解建筑师这一职业，学校开展了"我是小小桥梁设计师"活动。活动中，首先，教师引导学生通过查阅书本、网上查找资料等形式认识各种桥梁和古今中外著名的桥梁设计师，激发学生的探究欲望；让学生对各种桥梁进行观察，培养学生良好的观察习惯和敏锐的观察能力。其次，让学生通过制作图表、记录笔记、书写日记作文、摄影、制作手抄报等方式记录调查研究的过程。再次，让学生自己操作设计桥梁，培养学生解决实际问题的能力；通过自主合作探究性学习、小组合作交流、处理信息等，培养学生的创新精神和综合运用知识的能力。在桥梁设计者的实践活动中，学生们积极探索、积极参与小组交流合作，增长了对桥梁的认识。在此之前，学生从课文里就认识了各种各样的桥梁，对桥梁有一定的探究兴趣，有设计一座自己的桥梁的欲望。于是，在实践活动中，学生大胆构思，设计出了一座座让人意想不到的桥梁（图3-7、图3-8）。

图3-7　桥梁设计师名片设计

图3-8 绘画展示·画出未来的桥

新闻记者指的是新闻传播机构专职采访报道人员，泛指新闻工作者，包括总编辑、编辑、记者、播音员、通联工作人员等，是一种以及时、真实、有效、客观、公正的态度为大众传播消息的一种职业人员。新闻记者应当具备的素质有：法律意识、思想政治素质、职业道德、心理素质、丰富的业务技能、文化要求等。为了培养勇敢的富都学子，学校开展了"走进新闻记者"的综合实践活动。活动采用访问、调查和情景模拟的方式，让学生了解新闻记者的使命，例如有的小组利用课间及学校的大型活动对同学进行采访，有的小组在家长的带领下采访番禺电台、番禺日报的记者等。在成果展示中，教师把自主权交给学生，让每一组学生用自己喜欢的方式把本组的调查活动过程、调查成果等展示出来，在学生互相交流的过程中认真倾听、认真做笔记、认真点评。图3-9为学生作品。

消防员指列入消防行业特有职业（工种）范围的从业人员，他们不仅具有强健的身体、过硬的业务本领，而且具备良好的心理素质，遇到危险时情绪稳定，能够保持良好的观察、记忆、判断和思维能力。对小学生进行消防安全知识教育是必要的，为了让学生了解消防安全知识及如何预防火灾事故的发生，了解消防员这一职业，学校开展了"我是小小消防员"活动。活动设计如下：

图3-9 学生制作的新闻稿宣传内容

【总体设计】

本次活动的参与人员有一年级（1）班的全体学生，共50人，指导教师是该班的班主任。整个活动的时间为2月中旬到6月下旬，共计10课时，其中学校活动课时为5课时，课外活动课时为5课时。课内活动在课室内进行，课外活动在学校周边范围进行。

【单元与课型设计】

（1）第一单元：确定课题（课堂2课时）。

一年级学生在上学期已参加过综合实践活动，对开展综合实践活动有一定的经验，但是对于如何开展实践活动还需要一定的指导。基于此，本活动设立"开题活动课"和"方案设计课"2课时。

开题活动课：利用多媒体展示消防员灭火救人的情景，学生通过讨论和角色扮演激起研究的兴趣，从而生成主题，分解专题，确定研究内容和调查方向。

方案设计课：教师展示范例，分步指导，教会学生根据小组专题的特点设计活动方案。

（2）第二单元：调查研究（课堂2课时，课外2课时）。

研究指导课：教师指导学生利用网络、访问等方法作调查，教会学生做好资料的搜集与整理。（开展了课外体验活动一周后）

中期反馈课：学生汇报活动过程，总结成功经验，同时提出活动中遇到的困惑，学生之间互相给予意见或建议。教师参与其中，适时给予指导，让学生更好地修改活动方案，完善调查体验活动。之后，学生利用一周课余时间深化活动。

（3）第三单元：交流探讨活动（课堂2课时，课外1课时）。

交流探讨课：学生在教师的指引下进行交流活动，展示活动原始资料和记录，分享活动感受。各小组进行评价，评出优胜小组。

成果设计课：教师指导学生修改、完善活动资料和记录，根据活动特点以直观、生动的形式呈现成果。

（4）第四单元：总结反思活动（课堂1课时）。

总结反思课：教师提出总结汇报的要求后，先让学生以小组形式利用几天课余时间做充分准备。之后，在课堂上举行"防火安全关系你我他"的防火安全标语评比活动，让学生通过日记集、活动照片、表演小品、倡议书等形式展示消防员的职业内容。

【组织形式】

（1）个人活动、小组活动、班级活动相结合。

（2）与家长一起活动。

【实践形式】

收集资料和信息；参观、调查和访问；研究、设计和劳动；小组合作和交流；规划、表达和反思。

学生撰写的作品和儿歌例子如下：

我是小小消防员

杨××

今天下午，蒋老师带着我们来到了消防所。刚进入大门，映入眼帘的是几辆大红色的消防车。消防员叔叔先给我们一一介绍了消防工具，有防火服、防电手套等等，设备齐全。接着，消防员叔叔给我们介绍了消防服和消防帽，我一开始以为它们都很轻,可是当我戴上消防帽时,就感觉有一块巨大的石头压在了我的头上。才过了一小会儿,把消防帽摘下来时我已是大汗淋漓。还有几位同学穿了消防服,穿上消防服的他们就像胖胖的企鹅,走路都非常困难。消防员叔叔告诉我们,如果有火灾发生,他们要在1分钟内穿好消防服,下楼、上车。而我们光在穿衣服上就花了不止5分钟。可想而知,消防员真的太厉害了!虽然我们并没有看到他们辛苦训练的样子,但是我知道,在这背后,消防员们一定付出了很多的努力和汗水。

在写这篇作文的时候,我思绪万千,眼前浮现出的都是消防员奋不顾身去救人的情景,他们这种充满正能量的精神值得我们学习。

消防安全儿歌

陈××

消防安全要记牢,引起火灾有三条;
校园宿舍就像家,安全防火乐哈哈;
工作生活常外出,公共场所防火灾;
严禁烟火标志明,重点防患不轻松;
电器带来好处多,使用不当也危险;
家庭防火要注意,提高警惕防隐患;
青翠山林真秀美,加强防火有必要。

"我是小小消防员"活动很好地激发了学生的学习兴趣,有效增强了学生的社会责任感,培养了学生的合作精神和自主学习的能力。通过活动,学生认为自己学会了合作。有的学生说道:"这一个学期的综合实践课,我们小组调查了商场、酒楼、公司、学校、医院、机关单位等人员密集场所的消防配套设施、消防疏散路线、紧急出口位置,查询距离学校最近的消防单位等,我们知道了消防安全的重要性。在调查过程中,小组的每一位组员都非常认真、专注,大家都有很强的责任感,大家互相帮助、团结友爱。"

此外,"我是小小消防员"活动得到了家长的支持,家长积极参与并指导孩子开展活动。家长向学校反映情况时提到,孩子的综合实践能力有了较大的提高。

四、世界奥妙我探索

我们生活在一个多姿多彩的地球上，地球上的每一条河流、每一朵云、每一场雨、每一块岩石，都藏着许多的知识。从天文到地理，从数学到科学，从古代到现代，无数奥秘在等着我们去探索、发现，去找到更合适的方法与地球和谐共生。为引导学生了解我们生活的地球，激发学生的多元智能，学校在职业体验课程中开辟了"世界奥妙我探索"板块，以气象观测员、地质学家、考古学家、天文学家为主要内容。

气象观测员是对在各级气象台站或哨所中从事地面、日（辐）射或高空等各种气象观测工作的人员的总称。简单来说，气象观测员负责气象数据采集工作，预报员根据气象观测员采集的数据作天气预报。所以，气象观测员要有很强的责任心，更要有基本的气象知识和天气学专业素养。

地质学家是从事研究形成地球的物质和地球构造、探讨地球的形成和发展的科学工作者。地质学的研究对象是地球，许多地质演变如滑坡、地震、洪水、火山爆发等会威胁到人类的生存。地质学家致力于弄清这些地质演变，避免把重要建筑建在这些地质灾害会发生的地方。地质学家也研究地球物质，他们勘探蕴藏重要金属的岩石，勘探油气、水源等。

考古学家致力于探索人类文明的起源，可以帮助我们了解古代文化和古代社会形态下的人们是如何生活的。他们通过发掘和考察古代人类的遗迹、遗物和相关文献来研究古代社会。考古学家的任务，就是根据古代人类通过各种活动遗留下来的实物，研究人类古代社会的历史。

天文学家是以天体及天体运行规律为研究对象的人士。古代的天文学家通过观测太阳、月球和其他一些天体及天象，确定了时间、方向和历法。现在天文学家循着"观测—理论—观测"的发展途径，不断把人的视野伸展到宇宙的深处。小学教学中，有着许多和天文学有关的知识。例如，科教版小学《科学》五年级下册第四单元"地球的运动"第三课的内容是证明地球在自转，这对于学生来说是一个很抽象的事情。若在课堂上让学生模拟傅科摆实验，学生就能理解傅科是如何向世人直接证明地球在自转的；六年级下册第三单元是关于宇宙的知识，宇宙的神秘引起我们思索，有太多的问题有待研究。又如，统编版六年级《语文》上册第11课"宇宙生命之谜"和第19课"只有一个地球",向学生介绍了天文学家研究宇宙的收获和未解之谜……这些跨学科的内容都能让学生走近天文学家这一职业。学生在学习过程中,对探索神秘的宇宙产生了浓厚的兴趣,也对天文学家这一职业产生了无限的遐想。为此,学校开展了"天文学家之旅"实践活动,让学生通过参观天文馆等活动,了解天文学家的基本素养,探究天文学家的研究内容和方法。活动设计如下:

【活动开展】

活动课时为8课时。活动空间有:校园电脑室、家里、图书馆、广州大学天文馆和天象厅。

1. 走近天文学家

本活动把信息技术课与科学课相整合,让学生在学校电脑室围绕"走近天文学家"这一主题搜集资料,如天文学家的基本素养、天文学家的研究内容和方法,学生也可以搜集自己感兴趣的内容。教师从中指导学生运用不同的关键词进行搜索,从中筛选出与主题相关的内容。在搜集资料的过程中,教师发现很多学生搜集的内容比较单一,比较关注于天文学家个人的内容,于是向学生推荐了一些网站和文章主题。例如"天文学家是如何工作的?""怎样成为天文学家?""天文学家发现离地球最近的黑洞""广州大学天文馆"……在教师的提示下,各小组搜集的资料更加丰富了。

在这个过程中,教师审核各组筛选的内容,对重复的内容进行合理删减,并对一些学生没有关注到但又比较重要的内容作出指引。例如,很多小组都关注到国外著名的天文学家,如哥白尼、伽利略、爱因斯坦等,但对我国古代天文学家的关注度不够高。在这种情况下,教师特别指引学生关注我国著名的天文学家,如贾逵、张衡、何承天、祖冲之、高鲁、余青松、王绶琯、叶叔华、南仁东等。这些天文学家在不同时期取得了很多成就,是我们民族的自豪和骄傲。于是,同学们又补充了许多关于我国天文学家的资料。

各小组把搜集到的资料建成一个文件夹,组长带领组员对资料进行认真阅读、讨论交流,从中筛选整理出特别有价值的、感兴趣的内容。然后,组长明确各组员的成果展示任务和方式,如手抄报、PPT、观后感、讲故事、画报等展示形式。

2. 阅读天文学家著作

要走近天文学家这一职业，除了在网络上了解相关资料外，还需要在网站和图书馆阅读一些适合高年级阅读的、易懂的天文学著作。于是，各小组通过网站和学校图书馆、本地图书馆去寻找一些简单、易懂的天文学家著作。组长带领同学们对书中一些易懂的天文知识进行交流，从中整理出大家比较感兴趣的内容，并明确各组员的成果展示任务和方式。

3. 参观天文馆

到这一阶段，学生对天文学家这一职业充满了兴趣与疑惑。于是，教师提前选择一个便于观察的日子，为学生预约参观广州大学天文馆和天象厅作准备。在预约日当天，教师和家长带领学生开展参观活动。学生在参观过程中表现得非常好奇，充满热情，积极地做笔记、拍照、参加体验活动，引发自己的思考。活动还邀请了讲解员进行讲解，学生们陶醉其中，对天文知识有了更多的了解，也激起了他们探索地球与宇宙无穷奥秘的欲望。

4. 体验天文望远镜

学生在教师和讲解员的带领下，参观与天文馆遥相呼应的"球"——天象厅所在地。同学们听讲解员介绍天文望远镜结构、各部分作用和使用方法。在体验观察太空的时候，学生们感到无比快乐，仿佛已经化身为一个个小小天文学家在遥望星空。学生们对望远镜爱不释手，久久不愿离开天象厅。

参观活动结束后，组长带领组员整理参观过程拍摄的照片、天文知识资料，然后明确各组员的成果展示任务和方式。

【活动反思】

第一，激发学生民族自豪感。当教师发现很多小组都特别关注国外著名的天文学家，而对我国天文学家关注度不够高时，及时引导学生关注我国古今著名的天文学家。这不仅给学生补充了许多关于我国天文学家的知识内容，还让学生知道了我们的先辈们在天文学方面的重要贡献，而且培养了学生的民族自豪感。

第二，善于学科融合。"天文学家之旅"职业体验活动不是一个单一的活动，而是融合了信息技术、科学等学科知识的综合性活动。学生在活动过程中得到多位教师的指引，对其中的问题会产生更多的想法，研究活动会更加深入，整个活动也得到综合提升。

在"天文学家之旅"实践活动中，教师首先通过引入对天文学家的介绍，让学生对天文学家职业产生了浓厚的兴趣，引导学生通过网络、书籍等渠道去了解天文学家这一职业的方方面面。接着，开展了颇受学生欢迎的天文参观学习活动。学生在活动过程中积极分享自己的所得所感，学会主动合作，自主地进行各个探究活动。学生体验到活动的乐趣，把传统的学习方式变成了主动探究的活动方式。在这个过程中培养了学生的语言表达能力、合作能力、调查能力、处理信息能力。

该活动采用的主题式综合化项目课程的形式，是指向深度学习的未来的课程样态和课程实践。"为未来而教，为未来而学"，在建构指向未来深度学习的课程中，学校以精品课程赋予学生成长最大的能量，以课程品质成就学生最好的未来。

第三节 生涯教育活动案例

职业体验在本质上体现的是职业与教育的关系，也是学校教育回应社会发展对于人才培养规格和培养模式发生变化的一种体现。通过活动体验式的教学，激起学生的自我展示兴趣，学生获得与工作现场相关联的学习收获，并可以通过对比清楚地发现自己的优势与不足。教师根据学生的实际情况提供给学生自评和互评的依据，便于学生自我反思，总结经验，以评价促进学生的全面发展。

基于"生涯教育促进理想信念教育"的校本行动研究，富都小学开展了丰富多样的生涯教育活动，根据不同的职业设计了不同的职业体验活动。并且，活动结合了多学科知识，让学生能在体验职业的过程中，既获取学科新知识，也将学过的知识运用到实际问题中。下面以手机设计员、法官、动物饲养员、营养师、快递员的职业体验活动内容为例。

一、未来的手机由我制造

（一）活动背景

随着信息技术的快速发展，手机作为现代通信的重要手段，成为人们日常生活缴费、联络感情、互通信息、处理工作等的必需品。谈起手机，学生们兴奋不已，更对未来手机的发展充满期待。手机作为高科技产物，大大方便并丰富了我们的生活。一方面，它可以作为我们的学习小助手；另一方面，手机上各种社交软件拉近了人们之间的距离，增进了同学之间的友谊。另外，手机中自带的一些小工具也有助于我们的生活。例如，闹钟可以帮助我们按时起床；计算器可以帮助我们计算；手电筒可以照明。但是，手机也带来了很多负面的影响，如收到垃圾信息会玷污心灵；利用手机熬夜上网、玩游戏，影响休息和学习效率；高频率使用手机还会危害身体健康。因此，学校开展"我当手机组装员"活动，既引导学生展开思维想象，激发创新理念，培养思考、合作、交流、动手制作等能力，也引导学生学会正确使用手机。

（二）活动目标

第一，知识目标。一是了解手机的制造、发展等，激发学生的探究欲望。二是引导学生学会利用实地考察、网上搜索、查阅书籍、调查采访等多种方式搜集资料。

第二，能力目标。一是通过对手机的观察、探究，培养学生的观察能力。二是通过让学生自己操作设计、组装未来的"手机"，培养学生解决实际问题的能力。三是通过探究性学习、小组合作交流等，培养学生综合运用知识的能力。

第三，情感目标。一是让学生在活动中体验合作的快乐，懂得与他人交往，学会分享自己的成果。二是让学生在实践的过程中学会探究和创新，引导学生树立远大理想。三是引导学生懂得正确使用手机，学会明辨是非，杜绝不良信息的影响。

（三）活动过程

课时安排：共用4个课时。

第一课时：了解手机的发展，激发亲手组装未来手机的欲望。

第二课时：搜集整理活动资料。

第三课时：活动探究。

第四课时：活动成果展示，活动延伸。

活动空间：引导交流、合作探究、成果展示环节安排在教室进行；搜集资料、整理资料、准备展示成果材料安排在学生家里进行。

1. 活动准备阶段

活动准备阶段安排2课时进行，分为2个活动。

（1）活动一：激发兴趣，明确活动目标——做未来手机的组装员，设计制造未来的手机。

①活动引入。

a. 教师出示不同年代的手机样式，让学生观察。

b. 学生谈谈自己对手机的认识及看法。

②谈谈如何正确使用手机。

a. 教师及时引导：如今，手机改变了人们的生活，给生活带来了便利，并且对同学们的学习、生活也起到了帮助作用。但如果我们不懂得正确使用手机，手机也会给我们带来不少危害。因此同学们要懂用手机、善用手机。

b. 学生谈谈如何正确使用手机。

c. 教师引导：懂得正确使用手机，手机才能真正成为日常生活的必需品。随着科学技术的日新月异，在不久的将来，手机会是怎样的？请同学们展开想象的翅膀，设计一下未来的手机，让手机发挥最大的作用，真正服务于人们。

③明确活动主题。

a. 学生谈谈对未来手机的设想。

b. 教师引导学生认识手机组装员，展示手机组装员的工作情景照片，引导学生——手机是手机组装员把部件一件件组装拼制而成的。

④揭示活动目标。

教师引导学生设计适应未来发展需求，更安全实用、创新环保的手机。

⑤学生分组开展活动探究（表3-10）。

表3-10 学生活动探究分组

小组	准备探究的问题	探究活动的方式
发展腾飞组	手机的产生；手机的发展历史	查阅资料、网络搜集资料、采访、调查等
日新月异组	手机的发展；各种手机的功能创新；手机怎样更适应社会的发展、进步，怎样更适应人们的生活	网络搜集资料、采访、调查等

小组	准备探究的问题	探究活动的方式
技术创新组	了解最先进的手机组装技术；了解手机的组装过程等	网络搜集资料、采访、调查等
未来发展组	设计更加适应社会发展、适应人们生活需要的新一代手机	网络搜集资料、采访、调查等

（2）活动二：各小组搜集、整理资料。

①分小组搜集资料。

学生结合自己感兴趣的内容进行分工，各自搜集、整理资料，做好资料汇总。主要以学生在家里自主或在家长指引下的方式搜集手机的产生、手机的发展历史、未来手机的发展、手机组装员怎样组装手机等相关资料。

②小组内交流、整理搜集到的资料。

2. 活动探索阶段

活动探索阶段主要安排在学校课堂里，用1课时进行。

（1）资料整理。

教师引导各小组把搜集到的资料进行整理汇总。学生搜集到的资料主要有：手机的产生、手机的发展历史、手机是怎样组装的、未来手机的设计理念、手机组装员是怎样组装新一代手机的。

（2）小组交流。

结合学生搜集到的资料，教师引导学生开展小组内交流探究，确定小组下一步要探究的内容，并把相关内容做成研究成果。

（3）学生进行小组讨论，确定各小组的成果展示方案。

（4）小组各成员准备成果汇报展示。

3. 成果展示阶段

成果展示环节安排在学校课堂上完成，用1课时进行。

（1）教师引言：通过前期的活动探究，同学们对未来的手机充满期待，都想象着设计出更加适应社会发展需要、对生活带来便利、功能更加齐全的手机。今天就来展示我们未来手机组装员的风采及作品。

（2）各小组准备成果的展示。

(3) 学生展示"未来的手机由我制造"活动成果。

(4) 教师进行活动总结。

（四）活动亮点

1. 活动构思新颖，学生参与的积极性高

说起手机，学生兴趣高，有说不完的话题。因此，学校抓住"手机"这个主题开展活动探究，学生参与活动的积极性高。但怎样在更好地引导学生积极参与探究活动的同时，获取有益的收获呢？这就值得思考。为此，这次探究活动一方面引导学生去认识并探究手机的发展历程，激发学生的探究欲望，培养学生的搜集、整理、编辑资料等方面的动手能力，以及交往合作、探究创作能力；另一方面引导学生懂得正确使用手机，主动思考如何设计出更符合社会发展需求，又能给学习、生活带来便利的未来手机。

2. 学生积极探究，活动收获丰盛

在探究活动中，学生兴趣盎然，积极参与资料的搜集、整理，因此活动展示的成果丰富多样。

（1）成果一：未来手机组装员的名片设计，如图3-10（学生作品）所示。

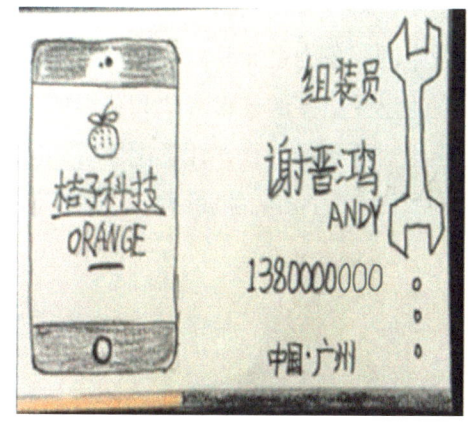

图3-10 未来手机组装员的名片设计

通过这一成果设计，学生了解了手机组装员的工作特点、工作范围、工作性质等，并对这一职业充满着期待，想象着自己也能组装出一台功能齐全、设计新颖、受欢迎的手机。

（2）成果二：以绘画、手工制作等方式展示自己设计的手机。

学生大胆构思，结合自己对手机的认识与了解，结合社会的发展以及人们日常生活需要，展出一台台新颖奇特、功能各异、美观环保而又实用的新型手机。在展示中，学生对自己设计的手机进行了具体介绍，深深吸引了同学们，也让其他同学对手机组装员有了进一步的认识。

（3）成果三："当一名未来的手机组装员"作文展示。

在写作中，学生抒发了自己的理想，在字里行间表达了自己对做未来手机的组装员、设计出自己心中理想的手机的向往。

（4）成果四：手抄报展示。

学生把活动中搜集到的关于手机的发展、手机组装员的工作性质、设计理念等资料整理成手抄报，提升了自身整理资料、设计汇总等能力，同时对手机组装员的工作有了新的想法。

（五）活动反思

第一，活动主题符合学生的兴趣特点，学生参与活动的积极性高。在整个探究活动中，学生们大胆构思，巧妙设计，表现得热情高涨，兴趣盎然。学生的创作是千奇百怪的，都在设想着自己成为一名手机组装员后能组装出功能齐全、适应社会发展，又环保美观、智能实用、科技新颖的新一代手机。

第二，因势利导，加强思想教育。学生的想象力是无限的，教师要将这些无限的想象力运用到正确的途径上，让学生感受更多的艺术形式和获得更多的知识。在探究手机的组装过程中，结合学生对手机的向往，让学生懂得如何正确使用手机，让手机成为人们的"左膀右臂"，发挥出手机最大的功能，但不能引发不良的影响。

二、我是小小法官

（一）活动背景

法律意识的培养和守法观念的形成，对未成年人的健康成长具有重要的作用。为了教育青少年学生从小树立法治观念，促使学生树立正确的法治理念，成为促进社会和谐、健康发展的积极因素和构筑"中国梦"的中坚力量，富都小学六年级（4）班的学生得到了在法院工作的家长的协助，开展体验法官职业的活动，进行了一场"我是小小法官"的模拟体验活动。

(二）活动目标

第一，知识目标。了解法官的职业，感受法官的职业价值，从中了解更多的法律知识。

第二，能力目标。通过参与活动，锻炼学生的阅读、快速查找资料等能力，提高学生的分析、判断、综合辩论等能力。

第三，德育目标。在活动中培养学生人际交往能力，增强学生社会参与意识；让学生明确"以事实为依据，以法律为准则"的原则，从而知法用法，自觉遵守法律制度，成为守法公民。

(三）活动过程

1. 活动一：参观法庭

"真实的法庭是什么样子？""法官们的工作究竟是干啥？""法院真的是电视剧里的样子吗？"为了让学生直观地了解法院的工作，真正走进法律的世界，学习法律基础知识，了解法院干警的各项职能，并发动学生报名参加，选出学生代表前往番禺区大石法院开展"我是小小法官"职业体验活动。

当学生看到刑事大法庭时，纷纷感叹法庭的庄严和肃穆，其中一位学生说道："电视里看到的和现场参观的感受很不一样，进来就觉得很庄重、很神圣。"

当参观少年审判圆桌法庭时，学生被充满温情的法庭氛围所感染，庭长介绍道："这里是亲情会见室，墙上挂的是一幅寓意母爱的母子图。庭审后，那些犯了错的大哥哥、大姐姐在这里与自己的爸爸妈妈短暂团聚，帮助他们真心悔悟。"学生们纷纷感叹："哇！好温馨，好有人情味！"

"这里是圆桌审判庭，是不是和刚才看到的法庭有很大不同呀？"庭长问道。学生纷纷点头称是，一位学生说道："这里感觉没有那么严肃紧张。"庭长耐心解释道："对，这里是专门用于审理18岁以下未成年人犯罪案件的地方，为了体现帮教和感化的氛围，我们专门设计了这个特殊的法庭，就是为了帮助那些犯了错的青少年认罪、悔罪，达到'教育、感化、挽救'的目的。"

2. 活动二：模拟法庭

为了让学生感受到法庭的严肃性以及法官的公正严明，我们开展了以学生为主角的"模拟法庭"活动。12名学生分别扮演审判长、审判员、书记员、公诉人、被告人、辩护人、法警等角色，在专业人士的指导下，模仿庭审过程开始"庭审"。在严肃的法庭氛围中，学生们全身心投入，很快便融入了角色。"审判长"有条不紊、镇定自若地主持庭审，"控辩双方"举证、质证、激烈辩论，"被告人"真诚悔罪……从庭前准备、法庭调查、法庭辩论、被告人最后陈述、合议庭评议到当庭宣判，学生完整地模拟了刑事案件审理的全过程。

"模拟法庭"休庭后，学生畅谈着自己的体会。审判员小王同学意犹未尽地说道："太不可思议了，我以后也要当法官。"在现场观看并对庭审进行点评的陈庭长鼓励道："只要同学们以做个好法官为志向，勤奋刻苦学习，以后一定可以成为真正的法官！"旁听席上的一名学生站起来发言："好想以后这种活动多开展一些。"活动最后，少年法庭的"法官"们还与学生进行了互动交流，告诉学生如何正确运用法律武器来保护自己。

3. 活动三：采访交流

模拟法庭结束后，教师以"记者"身份对扮演审判长、公诉人、辩护人、被告人等主要角色的学生进行采访，请他们谈谈对角色的感悟。

"审判长"认为："审判长看起来很威风，但是肩上的责任重大，是审判的核心人员。我不仅要有精深的专业知识，而且要有大公无私的精神和宽广的胸怀。"这位学生用了"我"，而不是"他"，可见这位学生还沉浸在审判长的角色中。

"公诉人"从专业角度阐述了公诉人的职责："公诉人是国家法律的化身，要遵循以事实为依据，以法律为准绳的原则，决不能冤枉一个好人，也不能放过一个坏人。"

最精彩的话莫过于被告人的真情告白："今天站在被告席上，我在想幸亏我不是真的被告，刚才法庭上出示的一个个证据令我很惊讶，真没想到这种行为会给他人、社会带来这么大的危害。同时也给自己和家人带来了痛苦……"

教师的主导作用体现在适时进行总结："法律是公正的，当法庭庄严的帷幕升起的时候，法律将给每个人以最公正的审判。法律在维护人们权利的同时，也对违法犯罪进行惩戒，给在座的每一个人都敲响了警钟。"

4. 活动四：交流评价

（1）回顾前期活动，引入交流评价活动。

(2)展开交流活动。

①成果交流,明确要求。

②自主交流,谈谈收获与困惑。

③汇报交流,反思建构,提出解决困惑的建议。

(3)评价活动。

完成自我评价(表3-11)、小组互评。

表3-11 职业研究活动自我评价表

小组活动主题/研究的职业			
评价内容			
对此职业有了更深的了解			
懂得实现理想职业的努力方向			
参加职业研究对我启迪很大			
我在活动中表现最好的方面			
我在活动中需要加强的方面			
我在活动中有这些收获			

(4)指导下一阶段活动。

①小结"交流活动",评选出优秀小组。

②教师引导:下一阶段你打算怎样展示自己的成果?

5.活动五:成果展示

(1)主持人结合多媒体课件回顾活动情况,同时简单介绍各小组的情况。

(2)各小组采用不同的方式进行成果展示。

①投影展示学生收集的资料,学生在旁边汇报补充。

②展示手抄报(图3-11)、绘画。

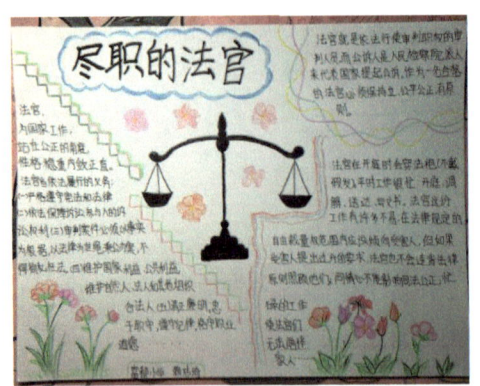

图3-11　学生手抄报作品

③以讲故事、诗朗诵等形式，帮助学生了解法律的知识。

④展示手工作品。

⑤让学生先说后写，写自己参加这次综合实践活动的感受和收获。

（3）教师进行活动小结。

学生亲身实践，学会用多种途径研究法官的职业；学会在实践探究中增强探究和创新的意识，提高综合实践能力；学会通过调查、访问、查阅图书和上网等多种渠道收集有关信息，并对收集到的信息进行简单加工处理。通过小组自主参与活动，用科学的方法研究自己感兴趣的问题，学生学会分享共同的劳动成果，培养合作意识和合作能力。

（四）活动亮点

当这群稚气未脱的学生坐在审判长席位上时，脸上的表情庄重而严肃，"知法、守法、懂法、用法"的种子也悄悄地埋进了学生心中。学生模拟法庭进行案件审理时，被告人的后悔莫及、控辩双方的针锋相对，以及合议庭成员的中立地位，让学生对法律职业有了真实的感受。同时，在庭审现场，审判长的控庭能力、辩护人的辩护技巧、公诉人的指控水平以及法律对犯罪行为的处罚力度，也给学生带来了不一样的体验。带着对法官职业的憧憬，学生中的一些人也许有一天会成为法律行业的接班人，拿起法槌，主持正义，让我们拭目以待。

（五）活动反思

情境体验是提高学生学习热情和学习效率的有效手段。法官职业体验是学校首次尝试与法院合作，为对法律职业感兴趣的学生开设的有针对性地深度普法宣教课程，致力于培养法律职业的"少先队"，让法律的阳光惠及更多的未成年人。模拟法庭后设置了有奖问答和专业律师答疑解惑环节，台上、台下的学生参与活动的热情度极高，有效地培养了学生的法治素养、理性精神、口头表达和综合实践能力。

三、了解动物饲养员

（一）活动背景

在学生的脑海中，动物饲养员的日常是和萌萌的熊猫、憨态可掬的大象、活泼的猴子等一起快乐玩耍。难道动物饲养员真是一份好玩又轻松的工作吗？为了让学生更加了解动物饲养员的工作，挖掘出更多意想不到的事情，我们开展了"了解动物饲养员"职业体验活动。

（二）活动目标

第一，走进动物饲养员的日常工作，了解动物饲养员职业的特点。

第二，通过搜集、采访、调查等方法，学会利用校内外资源收集资料。

第三，通过实践活动使学生体验职业需要的特征，学会爱生态、爱生命、爱生活。

（三）活动过程

1. 初步认识动物饲养员

教师：你喜欢动物吗？小动物们之所以那么可爱，是因为它们得到了很好的照顾和保护。想知道谁在照顾、保护小动物们吗？想知道他们是怎么工作的吗？让我们一起了解动物饲养员这个职业吧！

学生按照课前分好的4人小组，展开以下讨论活动，并完成资料。讨论内容如下：

（1）和组员说一说关于动物饲养员这个职业你知道些什么。

（2）关于动物饲养员你还想知道哪些方面的事情？

（3）你想通过哪些方式进一步地了解动物饲养员？

通过收集学生第一阶段的讨论方案，明确学生想了解的一些动物的习性及动物饲养员的岗位职责、任职条件、工作感受等。学生确定准备通过上网查找资料、实地采访、自主体验等方式来了解动物饲养员这个职业。

2. 深入了解动物饲养员

（1）资料查找（图3-12）。

图3-12　动物饲养员资料查找展示

（2）采访活动。

为了进一步收集所需的资料，各小组自行分工，组成了2～3个采访小队，分别就各自的主题开展采访活动。

此次活动实地采访的地点是动物园里的动物饲养员，学生通过采访不但可以收集到需要的资料，还增强了小组成员之间合作的能力、锻炼了口头表达能力等。

（3）采访记录（以下为三篇精选的学生采访记录）。

长颈鹿饲养员周叔叔：
能辨认我的声音，有时要充当"接生婆"

采访小记者：陈××

颜值不够，身高来凑。来自安徽的周叔叔饲养长颈鹿已超过6年，他表示动物园像家一样，与长颈鹿相处很开心。

"园内一共有3头来自南非的长颈鹿,两公一母,最高的一头有4.3米。它们从国外进口回来,就由我一直守着它们。"周叔叔告诉我们,让他触动最深的是长颈鹿听到自己的声音,会站在那里等他过来。要是看见别人,长颈鹿一早就跑掉了。

周叔叔拿着新鲜的榕树叶在栅栏外摇一摇,一头长颈鹿就过来了。"长颈鹿一般不会跟陌生人打交道,它是一种神经特别敏感的动物,平时喜欢清静,自己进出园子都需要轻手轻脚,生怕吓到它们。"周叔叔对长颈鹿的了解不只是停留在表面上,他还告诉我们,长颈鹿兴奋的时候会活蹦乱跳的,很少有不开心的时候,有时候吃多了不消化就会心情不好。

值得一提的是,唯一的母长颈鹿已经怀孕,预计11月生产。为此,周叔叔既兴奋又紧张,平时有空就上网学习助产知识,例如看一些动物接的生视频等。他笑着对我们说,很期待鹿宝宝的出生,届时自己也会当"接生婆"。

海豚饲养员朱叔叔:
与海豚相处4年,改变了自己急躁的性格

采访小记者:赵××

在海洋馆,一共有4只海豚和4只海狮,均由朱叔叔负责。他告诉我们,与其他动物相比,饲养海豚和海狮要多一些讲究,它们对饵料和水质的要求特别高。饵料是从海鲜市场新鲜采购回来的,池水的盐度也必须控制在一定范围内,池内有专门的机器进行24小时的消毒和检测。

进入馆内,我们看见海豚池旁边放着2个大水盆,分别盛着不同的鱼,"这是多春鱼和花池鱼,都是海豚爱吃的食物。"只见朱叔叔拿起几条多春鱼来到池边,海豚早已在水里伸出头张开嘴巴了。

"自己在这里陪伴海豚快4年了,每天与海豚打招呼已成了一种生活习惯。海豚在表演时偶尔会有小情绪,不配合表演,这时就要像教小朋友一样慢慢引导它。正因为如此,自己在饲养海豚的这几年,性格也变了,不再是那么急躁,比以前更有耐心了。"朱叔叔说,"海豚是一种非常聪明的动物,你不能骗它。如果你对它好,它能感受得到。有一次,海豚生病了,它在水中一动也不动,特别配合我的工作,对它打针也不反抗。"

大象饲养员金叔叔：
视大象如家人，每天帮它洗澡

采访小记者：陈××

　　清洁象园、切瓜、装桶、投喂大象，香市动物园饲养队队长金叔叔一天工作由此开始。来自安徽的金叔叔身穿海蓝色工作服装，皮肤黝黑，笑容可掬，从动物园建园开始，他便在这里工作，一干便是7年之久。

　　金叔叔一手提着装满西瓜和南瓜的桶，一手拿着食物递给小象"丁丁"和"当当"。金叔叔告诉我们："现在喂养的2头小象是这里繁殖的，从母象怀孕开始，小象出生、断奶、训练、演出等都要很用心观察。"

　　在金叔叔的带领下，我们参观他的"家人"——大象。"我饲养时间最长的是大象，有些大象从刚出生就开始养，它们就像我的家人一样，彼此间有着深厚的感情。"金叔叔指着对面的大象说，"这几头是从老挝进口过来的，每天要跟它接触，喂它，熟悉它，训练它。每天还要给它洗澡，因为大象喜欢玩泥巴，你看那些大象本来是黑色的，现在都变成黄色了。"

　　如果大象生病了，金叔叔还要帮它打针、喂药。"虽然不是专业的兽医，但简单的兽医知识也要懂一些，尤其是要及时发现动物生病了。它们生病了不会说话，只有靠自己去观察。"为了保证大象可以吃到新鲜的草料，金叔叔和同事一起在园里种起了象草。金叔叔坦言，照看动物这么多年下来，自己也变得更加细心了，对于现在的生活，金叔叔并不觉得枯燥。

（4）体验活动。

学生了解了动物饲养员的具体工作后，在保证学生、动物安全的情况下，我们确定对动物的喂养、防疫、清洁三个方面进行实践体验。

3.分享体验感受

本阶段主要包括成果展示和交流两个环节。成果展示是以手抄报形式进行，主要培养学生分享的意识，让学生学习分享成果的方法。交流活动主要让学生通过交流体会动物饲养员这一职业的特点，想出在实践过程中所遇到的问题的解决方法。

(四)活动亮点

第一,结合多方资源,开发体验课程,服务学生个性发展。根据学校的课程资源、学生的年龄特点及认知特点,本着"尊重每个学生发展的需要,以实践求真知,以实践求体验,以实践求发展"的思想,激发学生科学探索的意识。

第二,密切联系实际,参与实践体验,引导学生主动发展。以学生的直接体验为基础,密切联系学生自身生活和社会生活,注重对知识技能的综合运用,将学生的需要和兴趣置于活动的核心地位。本次活动意在通过观察、采访、搜集资料、交流、探究等,给予学生一种积极的、生动的、自主的、合作的学习方式,让学生学会思考、分析、交流、解决问题。

第三,采用多种形式,激发学生兴趣,为学生终身发展服务。教师充分发挥学生的主动性和积极性,结合学生的年龄特点和活动本质,采用多种形式激发学生探究兴趣,积极开展活动,引导学生主动发展。学生对动物的喜好情感分明,为活动提供了真实的感情基础。为了保证活动能科学、合理地实施,教师提前让学生上网查阅资料。通过开展饲养员、清洁员、防疫员等饲养岗位的调查,结合实地体验活动,学生获得了丰富的知识和实践经验。

四、走进营养师

(一)活动背景

营养师这一职业,是适应社会人们健康的需求而产生的。他们通过科学、合理地调配饮食,促进人们的身体健康,减少各种慢性疾病的发生,并通过向全社会全面普及营养知识,提高全民营养意识,以达到增强全民身体素质的目的。

健康的饮食能提供人体生长所需要的基本营养,让人们拥有强健的身体、充沛的精力,对于处在生长发育时期的学生来说就尤为重要。然而,学生了解人们的饮食情况吗?人们的饮食是否均衡?哪些食物对身体有好处?哪些食物会给身体带来伤害?由于饮食结构不合理,学生身体过于肥胖或者营养不良的情况比比皆是。为此,学校开展"饮食天地学问大——走进营养师"的职业体验活动,让学生通过活动了解营养师的职业特点,了解食物合理、科学的搭配方法,从而促进自身养成良好的饮食习惯。同时,学校通过活动增强学生的调查能力,培养学生团结合作的精神,锻炼学生动手、动脑能力,从而达到让学生拥有丰富、广泛的知识，养成良好的饮食习惯，培养热爱生活、积极乐观的生活态度的教学目标。

（二）活动目标

第一，了解营养师的职业特点、类别和工作性质，知道营养师这个职业与人们的生活息息相关。

第二，激发学生对饮食的关注，让学生认识饮食的重要性，帮助学生深入地了解食物的功效。

第三，了解合理饮食的重要性，让培养良好的饮食习惯。能够根据人体健康状况，尝试拟定健康食谱。

第四，培养学生观察研究、想象创新、与人协作发展等能力。

第五，在活动中促进学生个性健康发展，培养学生热爱生活、积极乐观的生活态度。

（三）活动过程

1. 激趣导入，生成主题

教师：同学们，数学书里出现了"营养师"这一职业名称，那营养师究竟是什么职业？它对我们的日常生活有什么帮助？它可以细分为哪些类别？今天就让我们一起走进"营养师"这个职业，深入了解一下这个职业吧！

让学生交流事先搜集的资料，积极交流、讨论，从而激发对营养师这个职业的兴趣。

2. 主题展开，实践与探索

（1）学生记录一日三餐统计表（表3-12）。

表3-12　学生一日三餐统计表

姓名：	在家	在校	姓名：	在家	在校
早餐			早餐		
午餐			午餐		
晚餐			晚餐		
备注			备注		

(2)学生分组、分地点收集资料。

活动时间为2课时，主要在校内进行，地点是课室、电脑室和图书室。

各小组分工合作，在学校电脑室和图书室查阅资料。学校鼓励学生将调查延伸到课外，让学生回家后继续调查，学生也可以向家长等请教，把调查表填写好。

(3)组织学生交流调查情况、整理资料，完成调查报告（表3-13）。

表3-13 学生调查报告

姓名：	班级：	调查时间：
调查内容		
调查方式		
调查结果		
下一步计划		

学生经过调查了解了饮食的一些知识，感受到了其中的乐趣，教师趁势引导学生做个小小的营养师。

(4)采访校医，获取专业信息。

为了让活动深入展开，教师提醒学生利用常用的研究方法——访谈法，进一步获取信息。于是，学生走访了学校校医，询问了目前学生的饮食营养状况，知道了一日三餐的重要性、如何搭配营养均衡的午餐以及培养良好的日常饮食习惯等相关知识。

3.成果展示

(1)你每天的饮食科学吗？

学生根据前一阶段了解到的各种饮食的营养成分和营养价值，对照自己平时的饮食习惯，自我诊断平时的饮食是否合理、健康，并把想法写在笔记本上，如图3-13所示。

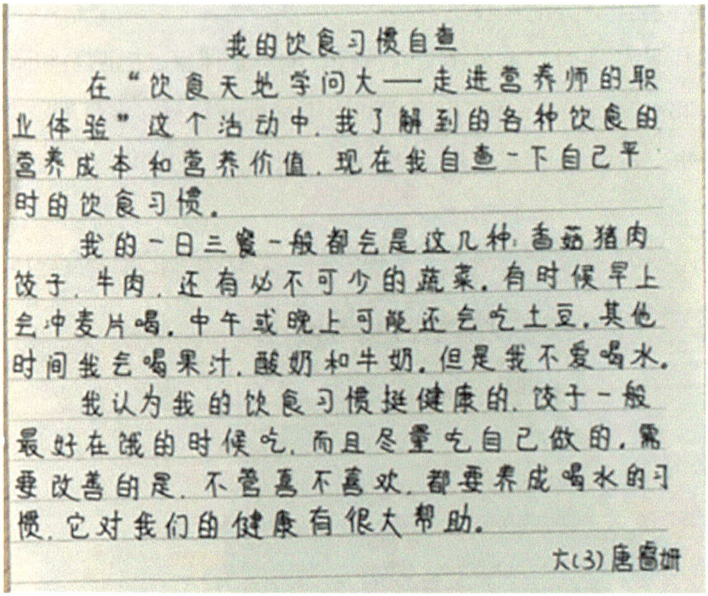

> 我的饮食习惯自查
>
> 　　在"饮食天地学问大——走进营养师的职业体验"这个活动中，我了解到的各种饮食的营养成本和营养价值。现在我自查一下自己平时的饮食习惯。
>
> 　　我的一日三餐一般都吃是这几种：香菇猪肉饺子、牛肉，还有必不可少的蔬菜。有时候早上会冲麦片喝。中午或晚上可能还会吃土豆。其他时间我会喝果汁、酸奶和牛奶。但是我不爱喝水。
>
> 　　我认为我的饮食习惯挺健康的。饺子一般最好在饿的时候吃，而且尽量吃自己做的。需要改善的是：不管喜不喜欢，都要养成喝水的习惯，它对我们的健康有很大帮助。
>
> 　　　　　　　　　　　　　　　　　　　大(3) 唐鲁妍

图3-13　学生饮食自我诊断

（2）我是小小营养师。

① 调查身边的小伙伴们，记录他们的情况（表3-14），给他们提提建议。

表3-14　小伙伴情况调查表

姓名	年龄	喜欢的饮食	身高	体重	建议

　　我们身边有不少偏胖、偏瘦或身体不太健康的同学、家人，"小小营养师"们把目标锁定在这些亚健康人身上进行调查，认真、细致地了解他们平时喜欢

的饮食,给他们提出合理意见。

(3)美味健康营养食谱。

学生收集资料及调查周围人的饮食习惯后进行思考分析,同时动手设计既营养又合理的健康食谱。

(4)小营养师大碰撞。

让学生交流自己设计的早、午餐营养食谱(图3-14),"小营养师"们互相发问、解疑。建议"小营养师"们将营养食谱介绍给自己认为适用的人(同学、家长、教师等),并把所获得的营养学知识做成小书签和手抄报,供大家互相交流学习。

图3-14 早、午餐营养食谱

4. 成果总结

（1）撰写倡议书和建议书。

学生经过几个阶段的实践活动，通过深入思考作出"小学生膳食营养搭配的建议书"，呼吁身边同学要科学、合理地营养就餐。

（2）做一日"最棒小厨师"。

为了将调查成果应用到生活中，加深学生对本次体验活动的印象，鼓励学生利用双休日进行"我是最棒小厨师"职业体验活动。学生以小组为单位，利用双休日亲自去菜市场砍价、买菜，亲自烧菜、配菜，亲自品尝、体验，把自己动手做的菜和家人一起分享，在实践中深化活动主题。

5. 活动评价

活动评价采用自评、互评、家评与师评相结合的形式，制作活动评价表（表3-15）；注重发展性评价，除关注学生的学习成果外，更重视学生参与活动的全过程，关注学生面对挫折的态度，以及解决方法、调查探索的能力等；注重分层评价，对学生的评价标准根据学生的实际情况设定，不同的学生评价标准也不同，通过评价激励学生进步。

表3-15 活动评价表

评价类型	活动表现					活动成果	综合评价
	活动次数	兴趣程度	协作精神	人际关系	交流分享		
自我评价							
同学对我的评价							
爸爸、妈妈对我的评价							
老师对我的评价							

（四）活动反思

本次活动的设计和实施，注重了以下几点：

第一，主题来于学生身边，有现实的生活背景，这是有效开展综合实践活动的前提。培养学生的探究意识和能力，一定要有一个具体的操作点，尤其是要关注学生现实生活的环境。

第二,突出科学研究方法的反复学习和体验。教学过程始终以学生自主性活动为主,安排了多次调查、统计、访谈、实验等活动,并在指导中引导学生将学到的知识和方法应用于实际,使学生逐步加深体会这些方法在科学研究中的重要性。在以实践操作型的探究学习为设计主线的同时,注重知识的开发与渗透,如多种途径搜集资料、访谈、调查表的设计、简单数据的统计与表达、食品的营养成分及其识别等。

第三,及时进行活动的拓展,强化学生深入思考的能力并给学生留下深刻印象。例如在活动中让学生利用双休日做一日"最棒小厨师",鼓励学生与家人分享自己做的菜,增强学生的成就感,拉近学生与家人的关系。

五、我是小小快递员

(一)活动背景

如今,"快递"对于我们来说是一个很熟悉的词语。生活中,我们经常在大街小巷见到快递员忙碌的身影,我们在接到快递员送上的包裹时,很少有人知道包裹是如何经过层层包装、分拣再运送到我们手上的。学校开展的"我是小小快递员"职业体验活动,让学生尝试做"小小快递员",以研究小组的形式进行系统的调查和研究,培养学生的社会实践能力,增强学生的社会责任感,让他们在真实生活中感受快递员的工作内容。

(二)活动目标

第一,通过课内外的学习和实践,提高学生对快递员的认知,培养学生的社会实践能力。

第二,通过活动感受快递员工作的辛劳和认真负责,提升学生尊重普通劳动者的情感;让学生建立正确的人生价值观,培养良好的情感态度。

第三,通过活动实践,促进学生的个性化发展,培养学生积极进取、团结合作的精神。

(三)活动过程

1. 情景导入,引出活动主题

(1)学生演绎故事——《今天你收快递了吗?》。

教师：同学们，看了故事后，请你说一说你对快递员的认识。故事中的快递员做得好吗？（板书课题："我是小小快递员"职业体验活动）

教师利用多媒体展示快递员的照片和工作视频，学生根据展示的资料，提出想研究的问题。

（2）确定主题后，教师引导学生分组并讨论任务分工和探究主题的行动计划。

（3）学生集体交流、汇报分工及小组探究计划，共同商议、修改。

（4）活动的主要形式：收集资料和信息；调查研究；成果展示、角色模仿。

（5）各小组制定活动方案规划表（表3-16）。

表3-16　活动方案规划表

小组名称	小组主题	组长	指导教师	主要活动形式
飞鹰小组	捕捉快递员叔叔的风采			上网、观察、摄影
捷豹小组	书写快递职业的平凡与伟大			上网、调查、书法
敏虎小组	笔墨传情，表达对快递员的敬意			上网、调查、采访、作文、朗诵
顺狮小组	报中传递正能量			上网、访问、手抄报

2. 实践活动

（1）课上，教师依照表3-17继续指导，让各小组的活动安排更完善、可行。

表3-17　实践活动环节安排表

环节	内容	时间安排
搜集资料	各小组按计划通过各种途径搜集资料	2周
筛选资料	各小组对所搜集的资料进行整理、筛选、归类	1周
充实资料	各小组对初步成果进行梳理、充实、丰富	1周
生成成果	根据丰富后的资料进行创作，成果生成	2周

(2) 各小组展开活动。

①搜集材料。各小组按照计划搜集材料。搜集材料的过程为2周，在这过程中教师指导学生顺利完成材料的搜集：关注学生活动进展，课上进行阶段性交流；深入各小组，指导学生整理、修正信息资料，调整调查方向和方法，让学生搜集的内容更清晰、有条理。

②筛选资料。学生在教师的指导下，对自己所搜集的材料进行整理归类，删劣存优，选出有价值的材料和图片，整理成初步成果。教师引导学生对前期工作进行梳理、汇总，整理成中期成果。

③充实材料。学生通过各种途径充实、丰富成果，使之合理化、形象化，构想以何种形式展示。

④生成最终成果。学生根据优化好的材料完成最终成果。教师在这个阶段要及时追踪了解学生完成任务的质量情况，同时给予指导、调整意见，让学生顺利完成任务。

在每次阶段小结时，组长要汇报组员在实践过程中的表现情况，并制作学生阶段评价表（表3-18），以此表作为评选优秀个人、优秀组长、黄金搭档、优秀团队和才艺之星的依据之一。

表3-18　学生阶段评价表

学生姓名		探究子课题名称		结题时间	
评价内容					
在研究中的分工					
研究过程是否积极					
与同伴合作情况					
能否服从安排					
完成情况					
成果呈现形式					

3. 总结阶段

(1) 学生总结。

学生对研究成果进行再创作，以别出心裁的方式呈现出来。学生以小组形式，总结1个多月以来小组的研究情况和研究过程中出现的问题和趣事。教师根据平常的观察了解和指导时的所见所闻，对各小组进行总结评价。

表3-19 成果汇报评价表

组别	呈现方式新颖、效果好（20分）	语言流畅，能打动观众（20分）	全员参与（20分）	互动质疑（20分）	合计得分
飞鹰小组					
捷豹小组					
敏虎小组					
顺狮小组					

利用成果汇报评价表（表3-19），以量化评价的方式，让学生有了努力的方向，更加积极、用心地去制作汇报成果、优化展示方式。组内成员做事的积极性更大，各尽所能、齐心协力把任务完成。这样的评价方式不但体现了学生的才能，而且能增强学生间团结协助的意识。

（2）成果展示。

在综合实践课上，各小组用自己的方式进行成果展示，如可以穿上网购的快递衣做一次快递员。教师进行总结。

（四）活动亮点

第一，促进了学生的个性发展。该活动让学生与生活、社会联系起来，让不同的学生在不同的分工上发挥自己的特长。在活动中，能说会道的学生负责采访，有美术天赋的学生负责绘画，文学功底比较好的学生负责撰写作文，善于交往的学生负责联络。每位学生都发挥了自己的才能，使自己的个性与能力得到了充分的发展与展示。

第二，培养了学生正确的情感态度和价值观。长期以来，小学生的思维大部分局限于书本知识，有时会与现实社会脱离。而在"我是小小快递员"的体验活动中，学生通过上网和去图书馆查找资料，去实地观察、采访等，了解了快递业的运作和前景，快递行业的操作流程、职业操守，以及快递人员的生活等，使学生自己对社会有了更多的接触和认识。此项活动也让学生对快递员这个职业有了积极、正面的认识，加深了学生对劳动人民的敬意，引导学生树立了正确的人生价值观。

第三，提高了学生的学习主动性。这次实践活动使得学生不再是被动学习，而是成为学习的主人。活动给学生提供了一个更加放松、开放的学习环境，为学生开辟了一片自由的天地。学生可以自行选择采访研究对象、体验某个工作流程，可以选择更加适合自己的研究方式，甚至最后的成果展示以何种方式呈现也可以由自己来决定。在整个活动过程中，学生一直处于主动学习的状态，学习不再是负担，而是一种乐趣。

第四章

幸福成长：生命教育

> 教育的本质就是生命教育。教育的本质就是提高生命的质量和生命的价值。
>
> ——顾明远

第一节　生命教育课程体系的构建

生命是教育的前提，教育是生命的守护。《教育部办公厅关于加强学生心理健康管理工作的通知》明确指出，学校要"切实培养学生珍视生命、热爱生活的心理品质，增强学生的责任感和使命感"。可见，在心理健康教育中，生命教育是不可忽视的重要一环。生命教育是一种全人教育，其核心目标是通过生命管理，在认识、善待、珍爱、敬畏生命的基础上实现对"我""自然""社会"的认知，让每一个人都成为"我自己"，最终实现"我之为我"的生命价值。即把生命中的爱和亮点全部展现出来，在世间焕发出自己独有的光彩。

教育的使命是拓展一个人生命的长度、宽度和高度，让每个生命都成为更好的自己，并拥有幸福生活的能力。而生命教育课程，则是完成这个使命的良好实践载体。因此，学校要重视对学生的生命教育，根据国家的教育方针和教育目标，结合实际，构建具有可行性特点的生命教育课程体系。在构建生命教育课程体系的过程中，富都小学以习近平新时代中国特色社会主义思想为指导，践行社会主义核心价值观，落实立德树人的根本任务，在结合学生年龄特点的基础上，通过开展生命教育活动，促进学生的自主发展、和谐发展及可持续发展，挖掘学生的优势品质，培养学生获取幸福生活的能力，提高学生生命的质量。学校的生命教育课程通过跨学科、体验式活动的方式开展，着眼于培养和激发学生的积极品质与潜能，助力学生全面发展，提升综合育人的效果。

一、课程目标

学校的生命教育课程围绕自然生命、社会生命、精神生命三个维度开展，通过"课程+活动"的方式，引导学生珍爱生命、积极生活，正确认识自我，激发生命的潜能，提升生命的品质，实现生命的价值，增强幸福感，达到"培能育心、幸福成长"的心育效果，培养全面发展、身心健康、幸福成长的新时代社会主义建设者和接班人。

二、课程设计

（一）开设生命教育课程

学校的"幸福心灵"心育课程分为"健康生活、生涯探索、幸福成长"三大板块，其中"幸福成长"板块聚焦生命教育，内容包含"必备能力、积极品质、敬畏生命"三部分。其中，必备能力指的是情绪管理能力、人际交往能力、高效学习能力、适应性能力；积极品质主要指的是区域研究结果中指出小学阶段需要培养学生的7种品质（求知力、创造力、真诚、合作力、心灵触动、执着、信念与希望）；而敬畏生命主要是引导学生学会自我保护，感受生命的美好与价值，珍爱生命、尊重生命。生命教育课程主要在心理课、班会课中开展实施。

（二）开展生命教育活动

学校将生命教育课程与学校特色活动相融合，让其成为课堂教学的深化和延伸。经过实践，学校常态化、系列化开展的生命教育活动主要有以下6类：

①团体心理辅导课活动。即针对学生、教师和家长，以培养"阳光少年"为目标开展班级团体心理辅导课活动。

②心理趣味游园会。即以"5·25"心理健康活动日为契机，开展与生命教育相关的趣味游园会，让学生在活动中感受生命的美好与价值，激发珍爱生命的意识。

③"发现生命之美"心灵画语主题活动。即设定更加细化的活动主题，如

学校举办的以"践初心、担使命，绘青春、促成长"为主题的校园心理手抄报比赛、以"关爱心灵、阳光成长"为主题的校园心理漫画及标语比赛等，让学生用画笔描绘自己对生命的感悟，引导学生懂得热爱生命、珍惜生命。

④"美心达人Show"特色艺术活动。即为学生创设展示自我的舞台，帮助学生发掘自身优势和潜能，增强学生自信心和自我认同感，让学生绽放生命之美。

⑤"心存感恩，与美同行"感恩教育主题活动。即结合传统文化节日，挖掘节日中的感恩元素，组织少先队活动，让学生感受到他人对自己的关爱与付出，进而感受到生命的美好与价值，从而通过实践对社会进行回报。

⑥绿色生态教育活动。即聚焦自然生命，组织开展植树节、河流保护、社区志愿清洁服务、走进大自然等活动，让学生对一切生命都怀有一颗保护之心。

在这6类生命教育活动中，团体心理辅导活动课程又划分有"快乐学习""健康生活""幸福成长"三大主题。快乐学习主要是学习辅导，具体内容包括培养学习的兴趣、动机、习惯、方法、能力等；健康生活即生活辅导，内容包括生命教育、乐观品质培养和网络道德教育；幸福成长主要是人格辅导和生涯教育，具体包括自我意识、情绪、人际交往、青春期教育和升学辅导这几个方面的内容。

教材是课程的主要载体，课程开设之后就要有对应的教材作支撑。因此，学校针对学生团体心理辅导活动课程开发了5种教材，包括《幸福心灵——学生团体心理辅导活动手册》低、中、高年段3种，以及《幸福心灵——学生团体心理辅导活动（教师用书）》《幸福心灵——学生大型团体心理辅导活动方案》2种。这5种教材的架构各有特点。《幸福心灵——学生团体心理辅导活动手册》低、中、高年段3种教材的主题虽有一定交叠，但侧重点不同，内容根据学生的年龄特点层层递进，由浅入深。但由于部分内容只在某个年段开设（如青春期教育），因此教授3种教材的课时数会有所不同，其中低年段为18课时、中年段为20课时、高年段为28课时，主体内容分为"快乐学习篇""健康生活篇"和"幸福成长篇"3个篇章。《幸福心灵——学生团体心理辅导活动（教师用书）》是和学生用书配套使用的，能够有效指引教师上课。教师可利用心理课、班会课进行授课，每课时约40分钟。《幸福心灵——学生大型团体心理辅导活动方案》中的大型团体心理辅导活动则用时较长，每个活动约3小时，一般是面向全年级开展，可由学校教师在校内操场上开展，也可以请专家团队到户外开展。

此外，除了与活动相融合，学校也将各学科与生命教育进行整合，充分挖掘学科中与生命教育有关的元素，在日常教学中对学生开展生命教育，让生命教育工作渗透到教育教学的全过程，做到全员参与、全方面开展。

（三）开展生命教育的家校联动

家长在孩子的生命教育中起着重要的作用，因此学校联合德育处开展了"美心家长大讲坛"活动，邀请家长走进课堂，给孩子们讲授与生命教育主题相关的内容，拓宽孩子们的视野，让孩子们可以接触到在课本中学习不到的知识和技能。同时，学校也在生命教育方面给予家长科学有效的指引，引导家长进行情绪的调适，掌握有效的亲子沟通技巧，从而建立和谐融洽的亲子关系，让家长享受天伦之乐，让孩子感受生命之美。

第二节 生命教育课程之必备能力

学校生命教育课程的"必备能力"主要是指培养学生的情绪管理能力、人际交往能力、高效学习能力、适应性能力。下面以"你好，压力"教学设计、"探索兴趣星空"教学设计为例进行阐述。

一、"你好，压力"教学设计

（一）教学背景

《中小学心理健康教育指导纲要（2012年修订）》提出，教师需要帮助学生"积极应对考试压力，克服考试焦虑"。因此，教师需要帮助学生了解压力给生活、学习带来的好处，转变学生对压力的看法，让学生以积极的心态迎接压力。帮助学生正确地面对生活中的各种压力是学校心理健康教育必不可少的一部分。

（二）学情分析

小学高年段学生的压力大部分来源于升学、考试、同伴内卷、父母期望等方面，如果他们不能以正确的认知应对压力，不能以积极的心态看待压力，可能就会产生焦虑、烦躁、抑郁等负面情绪，从而影响学习、生活等，对身心健康发展不利。因此，教师需要帮助学生用正确的认知去应对压力，用积极的心态去看待压力，使学生了解压力过大和压力太小都不利于学习。只有将压力维持在适当的水平才最有利于压力作用的发挥，使学生懂得从他人的分享和自己的思考中感悟压力的意义。

（三）教学目标

第一，通过活动体验认识和了解压力，加深对压力的认知和理解。
第二，通过交流讨论，从他人经验中寻找更多有关于压力的意义。

（四）教学重难点

客观看待压力，明确适度的压力是有益的，懂得从他人的分享和自己的思考中感悟压力的意义。

（五）教学方法

游戏体验、集体讨论。

（六）教学过程

1. 热身阶段：小体验——举起你的书

（1）说明活动规则。

请6名学生参加，2人一组，互相配合完成本次体验。每组中，一名学生平举双手，另一名学生依次往同伴的手臂上放上3本、5本、10本书。

（2）教师引导学生思考并回答问题。

在活动中，你觉得手上是没有书时比较轻松，还是举着书时比较轻松？为什么？你觉得是读幼儿园的时候轻松，还是现在轻松？

（3）揭题。

书对我们的手臂产生了作用力，这是物理上所称的"压力"。但是我们也能感受到，从幼儿园到现在，随着学习内容越来越多，我们的书包也越来越重。这带来的不仅是物理上的压力，更多的是心理上的压力。因此，本节课我们重点学习心理上的"压力"，了解心理上的"压力"到底是什么意思，概念又是什么，何时会产生，以及我们应该如何看待它。

2. 转换阶段：认识压力

（1）压力的概念讲解。

心理压力是指我们由于外部环境的变化或者机体内部状态所造成的生理变化（心跳加速、头晕、肚子痛等）和情绪波动（焦虑、紧张、烦躁等）。

（2）列举生活中常见的压力案例。

①面临改变时，不安全感会给个人带来压力。

②面临未知事件时，会产生压力。

③压力是面对威胁时的本能反应。

④当我们要求自己做好某件事情并希望事情往好的方向发展时，会产生压力。

（3）组织学生讨论并分享对压力的看法。

同学们是怎么看待压力的呢？大家觉得压力是好还是不好呢？如果没有压力行不行呢？

（4）总结。

每个人都会有压力，并且压力会影响我们的情绪和生活。压力所带来的影响有积极的，也有消极的，我们不能一票否决压力存在的意义。因为我们的生活不能没有压力，没有压力就没有动力，过分安逸的生活是无法取得进步的。耶克斯-多德森定律也表明，学习动机和学习效率之间呈倒U形曲线的关系。学习动机不足或过分强烈，都会使学习效率下降。因此，只有适度的压力才是最有益的。

3. 工作阶段：压力的来源与应对方式

（1）介绍压力的来源。

刚刚认识压力的时候，老师举了一些例子说明了压力是如何产生的，那现在，作为六年级学生的你们可能会因为什么事情而感受到压力呢？请大家在一张白纸的中心位置画上一个三角形代表自己，在三角形的周围用圆圈来表示自己最近的压力源，如果压力源越紧迫，则圆圈离三角形的距离越近；如果压力源带来的压力感受越强，则圆圈越大。

（2）总结。

大家普遍存在三种压力来源：学习、人际关系、家庭。但是不同的人面对相同压力源时感受可能会不一样，应对压力的方式也可能有所不同。

（3）学生观看采访视频。

通过观看视频了解其他人的压力来源以及应对压力的方式。

（4）学生进行现场采访活动。

①拿着老师的采访单，采访班上的某一位同学或者现场的老师。

②将采访的内容记录在采访记录表（表4-1）中后向同学分享。

表4-1　采访记录表

采访人：		被采访人：	
问题	在过去，令你印象最深刻的压力事件是什么？	你是怎么应对这个压力事件的？	在应对过程中，这个压力事件带给你的意义或收获是什么？
回答			

4. 结束阶段

（1）学生分享本节课的感受和收获。

（2）课后拓展。

①采访自己的家人，问他们在哪些时候会感受到压力？

②当面对压力时，哪些应对方式是比较好的？

二、"探索兴趣星空"教学设计

（一）教学背景

《中小学心理健康教育指导纲要（2012年修订）》中指出，心理健康教育的总目标是：提高全体学生的心理素质，培养他们积极乐观、健康向上的心理品质，充分开发他们的心理潜能，促进学生身心和谐可持续发展，为他们健康和幸福生活奠定基础。小学高年级的心理健康教育内容包括"帮助学生正确认识自己的兴趣爱好"。据此，本节课以北京师范大学出版社教材《心理健康》六年级上册第8课《我的兴趣爱好》为基础进行修改，最终确定本节课的教学内容。

（二）学情分析

本节课教学对象为小学六年级学生。六年级时期，学生的自我意识快速发展，学生对待事物有自己独特的看法，这是引导学生探索兴趣爱好的关键时期。在这一时期，应对学生进行有步骤、有计划的兴趣教育，帮助学生更好地了解自己，培养有益于学生身心健康的兴趣爱好。

（三）教学目标

第一，认知目标：了解兴趣的含义和作用，知道兴趣对未来发展的积极意义。

第二，技能目标：初步学习培养兴趣爱好的方法。

第三，情感目标：体验拥有兴趣爱好所带来的愉悦感受和激励作用。

（四）教学重难点

了解和感受兴趣爱好给人带来的积极作用，知道有益于身心健康的兴趣爱好可以让人更好地成长，学会培养兴趣爱好的方法。

（五）教学方法

游戏导入法、讲授法、小组讨论法。

（六）教学过程

1. 热身阶段：游戏导入

（1）说明游戏规则。

在老师呈现的事情中，如果有自己喜欢做的，觉得做这件事可以感觉到快乐，且有动力去做的，就请快速起立拍掌两下；反之，则在原地做一个打叉的手势。

（2）教师小结。

刚刚老师提到的大家喜欢做的事情就是我们生活中常说的兴趣爱好，每个人的兴趣爱好有相同之处，也有不同之处。在生活中，我们的兴趣爱好就像星星一样，照亮着我们的成长前行之路，丰富着我们的生活。今天，就让我们一起来探索自己的"兴趣星空"吧！

2. 转换阶段：名人故事，了解兴趣

（1）学生观看视频。

播放滑雪运动员谷爱凌的视频。

（2）学生思考问题。

①谷爱凌最大的兴趣是什么？

②她为坚持自己的兴趣投入了什么？

③她从中收获了什么？

（3）教师小结。

兴趣爱好可以给我们带来很多快乐，而且真正的兴趣爱好除了给我们带来快乐之外，还可以让我们在做事情时拥有持久的动力，比如让我们在探究或从事活动时产生好奇心，将注意力集中在这个活动上，从而更好地增长课外知识。所以，有益于身心健康的兴趣爱好可以帮助我们更好地成长。那么，大家的兴趣爱好都有哪些呢？你从自己的兴趣爱好中收获了什么呢？

3. 工作阶段：活动体验，探究兴趣

（1）点亮"我"的"兴趣星空"。

①在星星内写下你感兴趣的事情、活动。星星越大，代表自己的兴趣越浓厚。

②在星星旁边写下你坚持做这件事情或参与这个活动的持续时间和收获。

③为你点亮的这颗星星加上笑脸、小花等图案，给它增添色彩和光芒！

（2）展示"我"的"兴趣星空"。

（3）教师小结。

大家的展示都非常精彩，我能感觉到大家在坚持自己的兴趣爱好这件事上付出的努力。在大家分享时，我不仅听到了"自由、快乐、放松"等关键词，而且从大家的分享中也了解到兴趣爱好还能开阔你们的眼界，丰富你们的知识，让你们做这些事情时候更有动力。但是，也有些同学的"兴趣星空"还比较空白，或者暂时还没感受到兴趣爱好给自己带来的积极影响。那么，大家要如何培养有益于身心健康的兴趣爱好呢？请就这个问题进行小组讨论，随后进行分享。

（4）小组代表分享。

（5）教师引导学生培养兴趣爱好并总结培养方法。

4. 结束阶段：总结提升，学习评价

（1）请同学分享这节课最大的收获或者感受。

（2）教师小结。

我们这节课的内容到此就接近尾声了。在这节课的学习过程中，我们一起分享了自己关于兴趣爱好方面的内容。谢谢大家让老师知道了兴趣爱好的世界是多么的丰富，希望兴趣的星空一直伴随着你们，在你们感到困惑和孤单时给予你们支持和力量！也许在未来的成长之路上，你们的星星还会有增有减；也许你们现在的兴趣星空还是空白的，尚待填充。这些都没有关系，你们未来的路还很长，相信大家总有一天都会找到属于自己的小星星。希望大家心怀热爱，拥有夜空中最明亮的星星！希望你们的小星星也会发着光，指引着你们不断前进。

（3）课外拓展。

请把今天的课堂收获分享给父母，同时采访一下他们在小学时期最感兴趣的事情是什么，以及这件事情在他们的成长过程中给他们带来了哪些成功的体验。

（4）完成学习单的成长"心"评价。

第三节　生命教育课程之积极品质

学校生命教育课程的"积极品质"主要指的是区域研究结果中指出小学阶段需要培养的7种品质，包括求知力、创造力、真诚、合作力、心灵触动、执着、信念与希望。下面以"接受不完美的自己"教学设计、"用乐观跨越挫折"教学设计、"听出最美和音"教学设计为例进行阐述。

一、"接受不完美的自己"教学设计

（一）教学背景

《中小学心理健康教育指导纲要（2012年修订）》提到："认识自我"是心理健康教育的重点内容之一，心理健康教育应从不同地区的实际和不同年龄阶段学生的身心发展特点出发，做到循序渐进，设置分阶段的具体教育内容。其中，在小学中年级阶段，教师需要帮助学生了解自我，认识自我。

在小学阶段，认识自我最重要的是要正确认识自己的优点。根据埃里克森的人格发展八阶段理论，小学阶段属于学龄期，学生的主要任务是克服自卑感，获得勤奋感。如果一个人不能认识自己的优点，那么他将缺乏自信和效能感，从而缺乏积极向上和拼搏进取的精神。因此，在小学阶段所形成的自我认识对学生来说至关重要，其能帮助学生通过正确认识自己的优点来克服自卑感，树立自尊和自信，对学生顺利度过这个阶段、形成积极和健康的人格有很大帮助。

此外，"三重自我建构理论"认为，个体在认识自我时，会将自我放在特定参照体系中进行认知，其中"自我建构"包含三个组成部分：一是从自身独特性定义自我；二是从自己与亲密他人的关系中定义自我；三是从自己和所从属团体的关系中定义自我。这三种构建倾向分别命名为个体自我、关系自我和集体自我。多维度引导学生认识自我，有助于学生更加全面客观地进行自我重构。

（二）学情分析

小学四年级时期，学生开始对自己感到好奇，渴望了解自己，其自我意识发展具有如下特点：由依赖他人评价逐渐发展出具有独立性、批判性特点的自我评价，但自我评价还存在不稳定、较单一等现象，尚未掌握一定的自我认识的方法。这导致他们的自我评价或高或低，容易动摇，出现过分自负或者过分自卑等问题。促进人格健全发展，核心在于如何看待自己，因此需要引导学生学会从多角度进行自我评价，通过与他人互动、交流获得他人评价，进而完善和增进自我认识，为悦纳自我作准备，促进身心健康和谐发展。

（三）教材分析

本课选自俞国良主编的北京师范大学出版社教材《心理健康》四年级上册第13课《接受不完美的自己》。根据教材的安排，本节课的主要目标和内容是引导学生全面认识自己的优点和缺点，面对缺点和不足时能坦然接受或者作出改变，学会接受自己的不完美，提升自我认同感，同时也要善于发现自身的优点，增强自信。基于四年级学生的实际情况，本节课分成2课时开展。第一课时主要是帮助学生认识到每个人都是不完美的，在此基础上引导其关注自身的优点，增强自信；第二课时则主要是让学生全面客观地认识自己，从积极的角度看待自己的缺点或者不足，尝试去接受或者改变这些缺点或者不足，提升自我认同感。

（四）教学目标

第一，认知目标：知道每个人都是不完美的。

第二，情感目标：接纳自己的不完美，体会到发现自身优点带来的愉悦感、成功感。

第三，技能目标：学会通过自我评价及他人评价来发掘自己的优点。

（五）教学重难点

重点：学会通过自我评价及他人评价来发掘自己的优点，增强自信。

难点：全面认识自己的优点和缺点，面对缺点和不足时能坦然接受或者作出改变，学会接纳自己的不完美，提升自我认同感；体会到发现自身优点带来的愉悦感、成功感。

（六）教学方法

体验式教学；绘本教学；情景教学。

（七）教学过程

1. 热身阶段：游戏激趣，引出"我"话题

（1）创设课堂情境。

小青蛙弗洛格的自我介绍：大家好！我叫弗洛格，很高兴能见到大家，今天我给大家准备了礼物，希望每个同学都可以收到哦！初次见面，我想请你们参加接下来的游戏——任务挑挑挑。一起来看看游戏规则吧！

（2）热身活动。

①游戏规则：屏幕上随机出现若干任务，学生结合自己的情况作出选择。当认为呈现的某个任务适合自己时，快速站立并击掌两下；如果认为不适合自己则轻拍肩膀两下。课件呈现的供学生挑选的任务如下：跳舞、制作糕点、当小记者、做手抄报、表演小品、参加足球比赛、演讲、当志愿者、坐过山车、每天口算练习、逗别人笑、跳高。

②教师提问：在刚才的活动中，你是怎么判断某个任务是否适合自己去完成的呢？

③教师小结：是的，我们每个人都会对自己有一定程度的了解，但是我们对自己的认识是不是全面的呢？你喜欢现在的自己吗？这不，小青蛙弗洛格就遇到了烦恼，让我们一起来帮帮它吧。

2. 转换阶段：绘本赏析，触发"我"转变

（1）播放绘本故事《我就是喜欢我》第一段。

内容简介：弗洛格是一只很自信的小青蛙，它认为自己漂亮、会游泳，跳水又比其他小青蛙跳得好，它觉得世界上最美好的事情就是可以做一只绿色的小青蛙，它认为自己非常幸运。直到有一天，弗洛格遇到了会飞的小鸭子，它非常羡慕，也想像小鸭子一样飞起来，可是不管怎么努力它都学不会飞，弗洛格觉得自己很没用。

（2）教师提问：弗洛格一开始非常自信，为什么在遇见小鸭子后就变得很灰心呢？

（3）教师过渡：弗洛格因为不会飞，总觉得自己不如小鸭子，所以变得灰心和沮丧。后来，弗洛格又遇到了老鼠、小猪和野兔，猜一猜，弗洛格又会发生什么样的故事呢？

（4）播放绘本故事《我就是喜欢我》第二段。

内容简介：弗洛格遇到了同样不会飞，但是会做东西的老鼠，以及会制作蛋糕的小猪和会识字的野兔。弗洛格也想学习它们的本领，但最后都失败了，它觉得自己很愚蠢，什么都不会，难过得哭了。野兔告诉弗洛格，每个人都有自己不会做的事情，也有自己擅长的本领。于是弗洛格想明白了，接受了不完美的自己，心情变得很愉快。

（5）学生分享。

①为什么青蛙弗洛格一直觉得自己没有用？后来它发生了什么样的改变？

②你有什么话想对弗洛格说吗？

（6）教师小结。

每个人都是独特的，都不是十全十美的，就像绘本故事中的小动物们一样，我们既有不如别人的地方，也有比别人优秀的地方，这就是真实的自己。当我们能像弗洛格一样接受不完美的自己，并且看到自己的优点时，就会变得更加自信、更加喜欢自己。这就是弗洛格送给我们的第一份礼物，接受不完美，看到"我"的优点。

3. 工作阶段：卡牌活动，启动"我"体验

（1）寻找弗洛格的优点。

①教师过渡：心情变好的弗洛格，迫不及待地想要找到自己的优点，它给大家派发了一张"夸夸卡"，请你们帮弗洛格找找优点吧！

②学生简单分享弗洛格的优点。

③教师过渡：听到你们的夸奖，弗洛格很开心！它迫不及待地想要找到自己的优点，让我们来看看它是怎么做的。

④播放绘本故事《我就是喜欢我》第三段。

内容简介：弗洛格看着自己的相册，渐渐想起了一些印象深刻的经历，它觉得自己在这些事情上做得非常不错。于是，它在自己的"棒棒卡"上写下了自己的优点……

⑤教师提问：弗洛格是怎样寻找自己的优点的呢？它找到了自己的哪些优点？

⑥介绍两种卡片：我们可以通过回想生活中那些自己觉得做得很棒、很有成就感的经历，帮助自己在能力、品德、习惯这三个方面来寻找自己的优点。

a. 能力：我会画画、会做饭、会种植物、会整理房间……

b. 品德：尊敬老人、诚实、乐于助人……

c. 习惯：做作业不拖拉、每天阅读、按时上学……

（2）了不起的自己。

①活动规则：每个同学有两张卡，分别是"棒棒卡"和"夸夸卡"。请仔细阅读卡片上的提示，从能力、品德、习惯这三个方面来寻找那个了不起的自己。

第一轮：使用"棒棒卡"寻找自己的优点。回想那些自己感觉做得很棒、很有成功感的经历，看看能不能从中找到自己的优点吧！

第二轮：自行寻找熟悉自己的同学，请他们使用"夸夸卡"来说说你有哪些优点。亲爱的同学，你觉得我最厉害的地方或者最擅长做的事情是什么？请结合例子来夸夸我吧！

②学生分享：通过"棒棒卡"，我找到了哪些优点呢？我的心情和感受如何？通过"夸夸卡"，我从同学的口中发现了自己的哪些优点？听到别人的肯定，我的心情和感受如何？

③教师小结：我们可以想想自己擅长做什么，哪些事情做得特别好、特别成功，从中找到自己的优点。当我们通过自己发掘和别人发现这两种途径找到自己的优点时，我们会感到快乐、自信，从心底里接受不完美但却依然了不起的自己！这就是弗洛格送给我们的第二份礼物，大家一起来找到"我"的优点。

4. 结束阶段：学以致用，发挥"我"的优点

（1）学生谈一谈本节课的感受和收获。

（2）教师过渡：感谢弗洛格的陪伴与礼物！每个人都是不完美的，要学会接受不完美的自己。当我们改变关注点，善于通过自己和他人两种途径去发现自己的优点时，我们就会成为一个了不起的人！

（3）学以致用。

①课后继续通过自己和他人两种途径去发现自己更多的优点，并且在生活中发挥这些优点的长处。

②想一想：我有哪些缺点和不足？面对自己的缺点和不足，我可以怎么做呢？

（4）教师小结。

接受自己的不完美，我有我的优点！祝愿同学们带着这份美好，成为自信、自爱的人！

二、"用乐观跨越挫折"教学设计

（一）教学背景

《中小学心理健康教育指导纲要（2012年修订）》指出，心理健康教育的总目标是：提高全体学生的心理素质，培养他们积极乐观、健康向上的心理品质，充分开发他们的心理潜能，促进学生身心和谐可持续发展，为他们健康成长和幸福生活奠定基础。"乐观"是积极心理学领域研究的重要主题，尤其在新课改的背景下，"乐观"这项心理品质日益受到重视。

（二）学情分析

六年级是学生学习生涯的一个重要的转折时期，受亲子关系、同伴关系、学业表现、青春期身心变化等因素，以及新冠病毒感染等突发事件带来的影响，很多学生很难及时调整自己的心态，导致自身的生活和学习面临种种困扰与挫折。

困扰与挫折会使人产生紧张、焦虑乃至悲观、失望等消极的情绪反应，即在心理上产生挫折感。小学六年级的学生正处于心理的"动荡期"，一方面他们渴望独立，但另一方面由于能力和经验的不足，很多事情他们又无法完成。这就容易使他们产生挫折感。这种挫折感如果没有及时得到调整，就可能会对他们的成长造成不利影响。对于处在青春期前的小学高年级学生，可以教授他们乐观的心态、正向的语言、积极的行动，并让他们在生活中不断练习和运用，以培养他们乐观向上的心理品质。

（三）教学目标

第一，认知目标：了解挫折的普遍性以及自己在面对挫折时采用的思维方式。

第二，情感目标：体会用乐观的态度应对挫折所带来的幸福和快乐。

第三，技能目标：能用乐观的语言和行动应对挫折，学会换个角度想问题。

（四）教学重难点

能用乐观的态度应对挫折，学会换个角度想问题。

（五）教学方法

体验活动、欣赏视频。

（六）教学过程

1. 热身阶段：登"岛"检票处

（1）规则。

在登岛前需要核实大家的身份，大家用除了"手"以外的身体部位在白纸上"写"下自己的名字，还可以怎样"写"？大家可以想一想。写的过程中要保持安静，限时1分钟。完成挑战任务者即可获得一张电影票，凭票参观乐观岛上最有名的地方——乐观电影院。

（2）教师提问：在这个过程中你有什么想法或感受？

（3）学生分享。

（4）教师小结。

在刚才的活动中，大家似乎都遇到了一些困难，但有的同学能立马想到办法，有的同学却选择直接放弃。但无论结果如何，岛主希望同学们经过这次的闯关之旅，能够收获到一些乐观面对挫折的方法，也恭喜大家获得一张电影票！

2. 转换阶段：乐观电影院

（1）学生观看视频——《乐观的跳跳羊》，并回答相应问题，回答后可获得乐观秘诀印章。

（2）教师提问。

①跳跳羊被剪掉羊毛后内心的想法是怎样的？后来它的想法有什么改变？

②智慧羊说了什么让跳跳羊重新自信地跳舞？

（3）学生分享，回答问题获得相应的印章。

①印章一：乐观心态——面对挫折，要乐观！

当我们遇到挫折时，心里会感到难过、不舒服或失落等，这些都是正常的情绪反应。我们可以接纳这些情绪，转变自己的想法，换个角度来看待挫折。比如：受到挫折就等于我是失败者吗？长这么大，我没有经历过任何挫折吗？在以后的成长岁月中，我是否就不会再遭遇任何挫折了呢？其实挫折经常陪伴在我们的左右，挫折在我们的人生道路上是不可避免的。这些挫折让人烦恼、伤心和难过，然而，每个人在面对挫折时所采取的态度和行动不同，最终结果也就不同。积极的心态会让自己更加乐观自信，快乐地面对生活；消极的心态则会让你悲观绝望，失去尝试的勇气和信心。

②印章二：正向语言——面对挫折，我能行！

当我们遇到挫折时，可以听听朋友温暖的声音，或者进行积极的自我暗示，如"我能行！""没关系，再试一次！""我是最棒的！"等，重新振作起来。

③印章三：积极行动——面对挫折，不退缩！

乐观寻求解决办法，积极行动起来！我们可以从这些方面行动：

a. 分析原因，调整方法。学会自我反思，找到失败的原因，思考对应的解决方法。

b. 发现优点，增强自信。寻找自身的优势，相信自己也是很重要的。

c. 善用资源，寻求帮助。记住我们不是一个人在努力，我们还可以积极寻求外部资源的帮助，如父母、朋友的支持，老师的引导，好的学习榜样的示范，等等。

（4）教师小结。

三个乐观秘诀印章分别代表了乐观心态、正向语言和积极行动，它们能帮助我们乐观地应对挫折。现在让我们带着这些秘诀印章进入乐观小剧场吧！

3. 工作阶段：乐观小剧场

（1）创设情境，呈现任务。

岛主：影院每天会发出情境剧本通告，招募小演员进行自由演绎，演员们可以自行选择喜欢的情境，用收集到的三个乐观秘诀印章进行创作演绎。如果你是主角，你会怎样转变自己的心态，会对自己说些什么鼓励的话？采取怎样的积极行动呢？

情境①："我考差了"。数学考试成绩比上一次退步了，感到很伤心。

情境②："我犯错了"。因为讲话不得体，遭到了好朋友的疏远，感到很难过。

（2）学生自选一个情境，解决实际问题。

（3）学生分享。

（4）教师小结。

困难与挫折总是伴随我们成长的，幸福是需要我们去创造的。当我们能用乐观的心态、正向的语言和积极的行动来面对挫折时，我们就会收获快乐、轻松等好心情，而这些好心情又会带给我们行动力，促使问题的解决。这时，你们会发现，挫折很渺小，自己很幸福。

4. 结束阶段：乐观卡发送站

（1）学生分享本节课的感受和收获。

（2）课后写下自己遇到的挫折，制作自己的乐观卡。

三、"听出最美和音"教学设计

（一）教学背景

《中小学心理健康教育指导纲要（2012年修订）》指出，中小学心理健康教育重点是"认识自我、学会学习、人际交往、情绪调适、升学择业以及生活和社会适应等方面的内容"。学会倾听是人际交往中的技巧之一。倾听是生理学意义上的"听"的进一步深入,是语言发展过程中最基础的技巧,是包括对口头信息的听取、注意、理解、评价以及反应的连续的过程。兰金等人的研究结果显示,倾听在沟通中所占比例达46%,是最常用的人际交往技巧。良好的倾听习惯有助于提高学生的人际交往能力,促进学生之间的沟通、合作,以及促进学生亲社会行为的产生。要想引导学生学会倾听,"3F倾听法"是一个有效的技法。"3F倾听法"是从非暴力对话倡导者马歇尔·卢森堡和现代教练技术之父汤姆·斯通的研究结果中发展出来的技法,是指倾听事实(Fact)、倾听感情(Feel)、倾听意图(Focus),有助于倾听者更好地理解说话者的真情实感。

(二)学情分析

小学高年级的学生在倾听的过程中,容易出现"打断别人说话""心不在焉""听不懂他人的想法""只听不回应"等现象,从而导致人际冲突的产生。因此,本课旨在通过"3F倾听法"及教授回应技巧,让学生懂得从"耐心把话听完""用心把话听懂""真诚给予回应"这三个方面去逐步养成良好的倾听习惯,提高人际交往的技巧与能力。

(三)教学目标

第一,认知目标:知道什么是良好的倾听习惯。

第二,情感目标:体会到有效倾听所带来的成就感和愉悦感。

第三,行为目标:初步掌握倾听的技巧,逐步培养良好的倾听习惯。

(四)教学重难点

掌握倾听的技巧,逐步培养良好的倾听习惯。

(五)教学方法

情境创设法、绘本分析法。

(六)教学过程

1. 韵律互动,导入课题

(1)热身活动。

播放音频《小毛驴》,在音乐中插入钟声和三角铁的声音,让学生在听到钟声时跺脚两下,听到三角铁的声音时拍手两下,初步让学生展示"倾听"的能力。

（2）教师小结，揭示课题。

倾听是一种非常重要的能力。学会倾听，能够让我们在与人相处时关系变得更加融洽。想要成为一个善于倾听的人，我们需要掌握一些倾听的秘诀，而这些秘诀就藏在三张神秘的卡牌里。接下来，跟着老师一起参与卡牌解密活动吧！

2. 解密卡牌，学会倾听

要想养成良好的倾听习惯，我们需要掌握一些方法和技巧，而它们就藏在这三张神奇的卡牌里。每张卡牌均有一项任务，完成指定任务，即可获取倾听秘诀。

（1）活动一：声声入耳。

①播放绘本故事《大熊有个小麻烦》第一段。

②教师提问：小发明家、小裁缝、小帽商它们知道大熊遇到的小麻烦是什么吗？

③学生分享，引出"打断别人说话"这一倾听现象。

④教师小结：我们在倾听的时候，往往会急于表达自己的观点，或者是自以为已经了解对方的想法而打断别人说话。这时，我们需要为自己按下一个暂停键，耐心等待别人把话说完。

⑤揭示第一张卡牌秘诀——耐心等待，把话听完。

（2）活动二：声入我心。

①播放绘本故事《大熊有个小麻烦》第二段。

②教师提问：没有被别人打断说话的大熊，为什么变得更加郁闷了呢？

③学生分享，引出"不理解别人的话"这一倾听现象。

④介绍"三只耳朵倾听法"——3F倾听法（事实、感情、意图）。第一只耳朵：听清事情；第二只耳朵：听懂心情；第三个耳朵：听出需求。

⑤倾听练习，加深对"三只耳朵倾听法"的理解。

⑥揭示第二张卡牌秘诀——用心理解，把话听懂。

（3）活动三："声"临其境。

①播放模拟对话情景的视频，引导学生从眼神、表情、动作、语言等方面找出视频中的倾听者在回应大熊时做得好的地方。

②引导学生思考这些好的地方带来了怎样的效果。

③结合视频中倾听者的表现，介绍回应的技巧（表4-2）。

④教师小结：一个好的倾听者，要懂得从眼神、表情、动作、语言等方面给予对方适当的回应，让说话者感受到你的专注和真诚，这样才能在良好的互动中继续交谈。

⑤揭示第三张卡牌秘诀——诚心回应，让爱流动。

表4-2　回应的技巧

眼神	看着对方，适当的目光接触
表情	微笑、专注，或其他配合谈话内容和场景的表情
动作	身体面向说话者，点头、轻拍肩膀、轻抱等
语言	简单回应（如嗯、哦、好的、明白、知道了……）；提问（等别人说完时，提出自己的困惑和疑问）

3. 实践倾听，培养习惯

（1）总结。

三张卡牌全部解密成功，恭喜大家获取倾听的三个秘诀：耐心等待，把话听完；用心理解，把话听懂；真诚回应，让爱流动。拥有倾听能力的你们，请带着这三个倾听的秘诀，多参加实践，在人际交往中听出最美的和音吧！

（2）制作自己的倾听习惯养成日志（表4-3），坚持21天或以上，培养良好的倾听习惯。

表4-3　倾听习惯养成日志

倾听习惯养成日志（第1周）					
日期	倾听对象	有无打断说话者	听到的事情	对方的心情	对方的需求
星期一					
星期二					
星期三					
星期四					
星期五					
星期六					
星期日					

第四节　生命教育课程之敬畏生命

学校生命教育课程的"敬畏生命"旨在引导学生学会自我保护，感受生命的美好与价值，珍爱生命、尊重生命，该课程主要在心理课、班会课上实施。下面以"奇妙的生命体验馆"教学设计、"闪闪发光的我"教学设计为例进行阐述。

一、"奇妙的生命体验馆"教学设计

（一）教学背景

2010年颁布的《国家中长期教育改革和发展规划纲要（2010—2020年）》首次在国家战略层面提出了要重视生命教育。因而，教师要积极引导学生认识生命、关爱生命、珍惜生命，矫正生命存在的问题，遵循生命内在成长的规律；通过发掘生命固有的积极潜能、培养生命的积极品质，引导学生追寻生命的意义，实现生命的价值。

（二）学情分析

小学中年级的学生正值对自身充满好奇的阶段，本课基于《中小学心理健康教育指导纲要（2012年修订）》对小学中年级心理健康教育的要求和积极心理学视角下的生命教育，通过融合生命教育与积极品质教育来达到帮助学生了解自我、认识自我的效果。本课通过"生命知多少"小调查使学生思考自己对生命的态度，点燃学生探索生命的激情。教学中，运用投射技术，让学生说出能够代表现在的自己的动物，认识现阶段的"我"，认识到每一个人都是独特的个体，发现生命的独特性；以小组合作讨论的形式，让学生发现生命的无限可能性，培养生命的积极品质，从而更好地认识和接纳自我，感受生命发展的无限可能。本课以体验式学习理论为依托，突出学生的体验与反思，让学生在丰富的活动体验中寓乐于学，最终实现知行合一。

（三）教学目标

第一，认知目标：知道生命的独特性和可能性。

第二，情感目标：感受生命的奇妙和美好。

第三，能力目标：发掘自身的积极品质，发现生命的无限可能性。

（四）教学重难点

感受生命的奇妙和美好，发掘自身的积极品质，学会培养积极品质。

（五）教学方法

活动体验、情境创设、多媒体教学。

（六）教学过程

1. 热身阶段：创设情境，导入生命主题

（1）创设"奇妙的生命体验馆"的活动情境。

教师扮演导游，带领学生参观生命体验馆，创设活动情境。

（2）"生命知多少"小调查。

学生完成"生命知多少"小调查，完成调查后即可获得生命体验馆的入场券一张。（通过智慧学习卡的"作业/测试"功能，让学生在智慧学习卡中做选择，结束后可查看相应的百分比，了解学生对生命理解的现状）

①你认为"生命"是重要且独特的吗？

A. 是　　　　　　　　B. 不太清楚　　　　　　　　C. 不是

②你认为"生命"是充满无限可能的吗？

A. 是　　　　　　　　B. 不太清楚　　　　　　　　C. 不是

2. 转换阶段：自我探索，发现生命的独特性

（1）活动一：一分钟找不同——外在独特性。

①活动规则：小组内两两配对，在一分钟内尽可能多地找出两人之间的不同之处，可以从多个角度去寻找。

②学生分享。

③教师小结：在刚刚的活动中，大家都发现了我们的五官、身高、体重、指纹等这些外在的特征都是不一样的。我们每个人不仅有外在的独特性，可能还有内在的独特性。接下来让我们一起体验"动物对对碰"活动，看看大家能否发现每个人内在的不同。

（2）活动二：动物对对碰——内在独特性。

①活动规则：学生选择一种动物来形容现在的自己，思考这个动物与自己

有哪些相似的特质，然后把这些特质写在活动单上"独一无二的我"一栏中。

②学生分享：这些特质给自己带来了什么积极的感受或影响。

③教师小结：有的同学选择了不同的动物来形容自己，有的同学即使选择了同一种动物，但认为它们代表的品质是不一样的，带给我们的感受和体验也是不一样的。可见我们每个人都是独一无二的。这就是生命的独特性，也是生命的一个奇妙之处。

④教师简单介绍24项积极心理品质：刚才同学们分享的是我们与动物之间的一些相似的特点和优势，其实积极心理学家们还研究出了人的一生中可能会具备的优点和品德。这24项积极心理品质可以帮助我们更好地发挥自己的长处和优势，实现生命的价值。

3. 工作阶段：培养品质，注入无限可能

（1）活动一：幸福盲盒。

①活动规则：小组组长通过智慧学习卡的"抢答"功能获得本组抽取幸福盲盒的顺序，每个盲盒中装着一个积极品质，小组围绕抽到的积极品质进行讨论——为了培养这个品质，现在的我们可以做些什么？

②学生分享。

③教师小结：大家的合作精神和思维能力都很棒！你们想到了这么多的做法来培养积极品质！那如果有机会让你乘坐未来时光机，看到未来的自己，你希望那时候的自己拥有哪个积极品质呢？

（2）活动二：未来时光机。

①活动规则：学生乘坐未来时光机，思考未来想拥有哪个积极品质？将这个积极品质写在活动单上"无限可能的我"一栏中。

②学生分享：当我们拥有了这个积极品质之后，生活会发生什么积极的改变。

③教师小结：我们可以不断地挖掘自身的积极品质，并通过培养这些品质，成为更好的自己，为自己的生命注入无限可能。这就是生命的第二个奇妙之处。

4. 结束阶段：分享感悟，课后拓展延伸

（1）学生分享收获，完成"观后反馈题"。通过智慧学习卡的"作业/测试"功能，让学生在智慧学习卡中做选择，结束后可查看相应的百分比，了解学生在本课中的收获和感受。

（2）提问学生：

①通过本次体验之旅，你对自己有了更全面的了解吗？

②通过本次体验之旅，你感受到自己的生命是独特且充满无限可能的吗？

（3）教师总结。

现在的你独一无二，未来的你有无限可能。当我们善于发现和培养自己的积极品质时，就像为生命插上了一对翅膀，让一个个奇妙的生命如蝴蝶般绚丽多彩、自由飞舞。最后送给大家一句话：我的生命很特别，是有无限可能的，我要做我自己！

 二、"闪闪发光的我"教学设计

（一）教学背景

要实现心理健康教育的总目标，就要学会正确认识自己、悦纳自我，这是心理健康的重要条件。针对四年级学生，引导他们用欣赏的眼光看待自己，发现自己身上的闪光点很重要。小学四年级时期，学生的自我意识迅速发展，但他们对于自身的评价还较为片面和主观，很大程度上仍是依赖他人评价。因此，本课旨在引导学生用欣赏的眼光挖掘自己身上的闪光点，帮助学生对自我形成积极的评价。

（二）教学目标

第一，认知目标：认识到每个人身上都有自己的闪光点。

第二，技能目标：通过自我发掘和同伴助力的方式，学会挖掘自己身上的闪光点。

第三，情感目标：体会到挖掘自己身上闪光点所带来的成就感和愉悦感。

（三）教学重难点

发现自己身上的闪光点，体会到挖掘自己身上闪光点所带来的成就感和愉悦感。

（四）教学方法

游戏导入法、讲授法、小组活动体验。

（五）教学过程

1. 热身阶段：游戏导入

（1）老师说："星光闪闪。"学生齐问老师："哪颗星星在发光？"

（2）老师说出星星发光的条件，符合条件的学生迅速站起来。例如"长头发的星星在发光"，那么长头发的学生就要迅速站起来。

（3）教师小结：同学们在游戏中都表现得非常积极，反应迅速。老师还发现，在游戏中，当老师提到一些外在特征时，大家反应都很快，但当老师提到性格、特长等内在特征时，有些同学就比较犹豫。这可能是因为我们对自己的认识还不够全面。因此，这节课就让我们用欣赏的眼光更全面地探索自己，让自己这颗星星更加闪耀吧！

2. 转换阶段：闪光达人show

（1）活动规则：

①学生用一分钟回想一下自己的闪光时刻。

②学生通过肢体动作和面部表情将这个闪光时刻展示出来。

③当老师和同学们说"咔嚓咔嚓"的时候，画面定格，学生静止不动。

④作为观众的学生要保持安静，尊重正在展示的同学。

（2）学生展示。

（3）教师提问。

①刚刚的闪光达人都是从哪些方面展示自己的闪光点的？

②闪光点还可以从哪些方面去挖掘呢？

（4）教师小结。

在刚刚的闪光达人show中，同学们都积极踊跃地为大家展现了自己身上的闪光点，其实我们的闪光点不只是我们擅长的技能，一些积极的品质、良好的行为习惯也是我们的闪光点。

3. 工作阶段：闪闪发光的我

（1）自我挖掘。

①闪光点包括积极的品质、长处、良好的行为习惯等。请大家从这三方面挖掘自己身上的闪光点，并写在学习单上。

②学生分享其中一个闪光点，并用实例补充说明自己的这个闪光点。

（2）同伴助力。

①学生用一分钟时间思考自己组内其他同学的闪光点，随后进行"传递星星"的活动。

②请将自己的小星星传给组内其他同学，其他5位同学分别选择小星星的1个角写下一个闪光点。请注意把握时间，当听到"叮～"的声音后传给下一位同学。等5个角都写满后，再有序地将小星星传回给自己。

（3）学生分享自己和同学一起"点亮"的星星，并谈谈感受。

（4）教师小结：当我们尝试用欣赏的眼光看待自己，寻找自己身上的那些闪光点时，我们会为自己感到开心和满足。同学用真诚的心帮助我们挖掘自己身上的闪光点时，也能帮助我们更全面地认识自己，并且给我们带来愉悦的感受。

4. 结束阶段

（1）学生分享这节课最大的收获或者感受。

（2）学生评价：上完了这节课，你是否挖掘到自己身上更多的闪光点呢？

（3）最后写一句祝福的话送给自己。

第五节　生命教育活动案例

生命教育活动是生命教育课程的重要部分，是课堂教学的深化和延伸。学校通过开展多种多样的生命教育活动，使生命教育理念深入人心，既培养了学生尊重生命、爱惜生命的态度，又让学生懂得了热爱自己的生命，学会尊重、关怀他人生命的道理，进而树立了积极的人生观。下面以团体心理辅导活动、心理趣味游园会、感恩教育主题活动为例进行阐述。

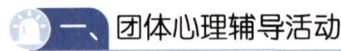

一、团体心理辅导活动

（一）"同心同行，筑梦未来"活动方案

1. 活动方式

游戏体验、讨论分享。

2. 活动对象

六年级学生。

3.活动目标

第一，通过团体辅导活动放松身心，愉悦心情，增强学生的团体归属感和幸福感。

第二，引导学生珍惜当下，与同伴携手同行，一起走向未来。

4.活动过程

（1）自我介绍+活动准备（3分钟）。

①学生进行自我介绍。

②教师强调纪律、规则、口号。

③教师强调活动目的，鼓励学生积极参与体验活动，收获感悟。

（2）热身活动：口香糖（15分钟左右）。

活动规则：全班同学围成一个完整的圆圈，当老师说"口香糖"的时候，同学们就要问"有几颗"，如果老师说"3颗"，这时每3个同学就要手牵手围成一个圈蹲下，落单的同学需要接受老师给的"小奖励"。

小奖励：打印一些可以活跃气氛的指令纸条，如讲一个笑话、大喊"我爱学习，学习使我快乐"等。

（3）主体活动：心有千千结（35分钟左右）。

活动形式：15人一组，可重复2~3轮。

活动准备：背景音乐。

报数分组：

①全班同学围成一个圆圈，然后选定一个同学，开始1、2、3、4重复报数，每个同学只报一次数，并记住自己的号码。

②相同数字的同学迅速组成一个小组，每组成员手拉手围站成一个圆圈，每个人记住自己左右手相握的人。

③在节奏感较强的背景音乐声中，大家放开手，随意走动，音乐一停，脚步即停，找到自己原来左右手相握的人并分别握住。

④小组中所有参与者的手都彼此相握，形成了一条错综复杂的"手链"。要求大家在不松开手的情况下，发挥聪明才智，想尽各种方法，例如钻、跨、转等，将交错的"手链"解开。解开"手链"速度最快的小组获胜。

学生小组讨论分享以下问题：

①在这个活动中，你感受最深的是什么？

②这个活动取胜的关键是什么？你们在活动中表现如何？

③生活中是不是会碰到很多解不开的像结一样的困难和烦恼？大家是通过什么方式解开这些结的？有什么体验和收获？

全班分享并小结。

教师小结：在六年的小学生活中，我们也曾像刚刚一样遇到困难，遇到看似解不开的结。我们遇到这些困难时，可以尝试寻找一些方法去解决。例如，与身边的人好好沟通，团体协作，互相理解、配合去解决难题。老师相信，只要彼此信任，运用集体的力量，一定能找到解决问题的方法。

（4）描绘我的初中生活蓝图（30分钟左右）。

以小组为单位，共同讨论并构思创作自己憧憬的初中生活蓝图。

小组成员给自己的初中生活蓝图起一个名字，并在纸上构思创作自己的初中生活蓝图，要求全员参与。全体成员在自己的初中生活蓝图上签名字，并在旁边写上对同学、班级或母校的祝福。小组成员间互相展示自己的初中生活蓝图。

（5）分享总结。

全班围成圈坐在一起，请1~2名同学分享此次活动的感受，教师总结，全班合影留念。

（二）"让生命充满阳光"活动方案

1. 活动方式

游戏体验、绘本赏析、讨论分享。

2. 活动对象

五年级全体学生。

3. 活动目标

加强学生尊重生命、敬畏生命、珍爱生命的意识。

4. 活动过程

（1）热身活动阶段：小鸡成长记。

活动规则：所有同学双手环抱双腿蹲在地上，作"鸡蛋"状；用"石头剪刀布"的方式，寻找和自己处于同一状态的小组成员进行PK；赢的一方升级为"小鸡状态"——单脚站立；继续寻找同一状态的小组成员进行PK，赢的一方升级成"大公鸡状态"——双脚站立，完成"成长"任务；输的一方后退一级，继续PK；音乐结束，活动停止。

请同学分享：在活动中，自己"成长"的经历是否顺利？感受如何？

教师小结：我们每个人的成长就像这个活动中的小鸡的成长一样，不是一蹴而就的，而是循序渐进的，我们在成长期间也会遇到很多困难和曲折，但是我们依旧要抓住每一次成长契机去丰富我们的生命。

（2）团体转换阶段：人生刻度尺。

活动准备：长度相等的纸条。

活动规则：每位同学手持一张长度相等的纸条，纸条的长度代表我们的生命长度，即0～100岁。首先依据现在的年龄撕掉前面的部分，然后预计死亡年龄并将后面的部分撕掉，再将纸条中代表睡眠时间的三分之一撕掉，最后撕去用于休闲、娱乐、发呆的时间，看看余下代表学习成长的部分还剩多少。

请同学们分享自己的活动感受。

教师小结：生命的长度是有限的，唯有珍惜有限的时间，合理利用时间，才能让有限的生命充满意义。唯有把握当下，才会不留遗憾。

（3）团体工作阶段：生命的价值。

准备：《一片叶子落下来》绘本、树叶、白纸、彩笔、胶水。

过程：

①教师讲述《一片叶子落下来》的绘本故事。

②学生分享对故事的感受，引出对生命的价值的思考。

③请大家在树下找到一片属于自己的叶子，在白纸上通过创作实现这一片叶子的价值。

④请每个同学轮流分享自己的作品。

⑤教师小结：人生如同叶子一般，终将落下，但无须惋惜，因为我们体验了世界的丰富多彩及奇妙，享受过美好，也经历过风雨，这些都是生命里不可或缺的体验，并且生命的价值是无限的。

（4）结束阶段。

学生分享活动感悟，教师总结。

教师总结：在今天的活动中，我们知道了生命的长度是有限的，但生命的广度和价值是无限的。每个生命都有属于自己的精彩，无论是正在风雨中体味着成长的艰辛，还是正在彩虹下享受着成长的喜悦，我们都要用心感受生命的每一个历程，演绎好每一个角色，只有这样，美好的未来才能实现。

二、心理趣味游园会

（一）"童心同乐，滋养心灵"活动方案

1. 活动目的

每年的5月25日是心理健康活动日，"525"谐音"我爱我"，意指爱别人从接受自己、爱自己开始。现代社会飞速发展，学生的心理问题日益突出。为了普及心理健康教育理念，增进师生对心理健康教育的认识和了解，促进学生身心健康发展，营造"快乐·自信·共融"的校园氛围，学校心育科组特地在5月举办心理健康教育月系列活动。

2. 活动安排

（1）摊位游戏一：移形换影。

游戏规则：

①工作人员展示心理图片，请同学说一说：从不同的角度，你分别看到了什么？数量有多少？……

②认真观察图片，能说出至少一个正确答案者可得1枚印章。

游戏准备：桌子2张、椅子2张、心理图片7张、印章数枚。

心灵寄语：换个角度看问题，你将会有不一样的惊喜与收获！

（2）摊位游戏二：火眼金睛。

游戏规则：

①观察图片，对图片进行大小、长短的比较，或者说出看到的图片是运动的，还是静止的。

②遵守规则，认真参与者即可获得1枚印章。

游戏准备：桌子2张、椅子2张、心理图片7张、印章数枚。

心灵寄语：眼睛是心灵的窗户，静下心来思考，发现更多的可能。

（3）摊位游戏三："象"由心生。

游戏规则：请站在指定的地方，把圆圈套进小象里，套进至少1个小象者，可以得到1枚印章。

游戏准备：桌子1张、椅子2张、小象套圈组合2套、印章数枚。

心灵寄语：将信念坚持下去，就会实现目标。

（4）摊位游戏四：潘多拉宝盒。

游戏规则：

①每位参与者先领取一张"吐槽卡"，在卡片上写下自己近期的一个烦恼或一件不开心的事情。写完后，参与者将卡片投入"烦恼回收箱"中，象征着将烦恼暂时放下。

②接着，每位参与者来到"潘多拉宝盒"前，从中随机抽取一份神秘小礼物，让自己开心一下。请注意，礼物数量有限，先到先得，希望大家积极参与。

游戏准备：盒子2个、吐槽卡200张、笑脸小球100个、桌子2张、椅子4张、签字笔4支、印章数枚。

心灵寄语：试着把烦恼抛诸脑后，每天用力地笑一笑。

（5）摊位游戏五：举案齐眉。

游戏规则：

①两人一组，每人使用一根食指，将棍子从地上抬升至大概眉毛的位置，整个过程中两个人的食指都不能离开棍子。

②遵守规则并且顺利完成任务者，可以得到1枚印章。

游戏准备：齐眉棍1套、桌子1张、椅子2张、印章数枚。

心灵寄语：一个人的智慧不够用，两个人的智慧用不完。学会合作，收获友谊。

（6）摊位游戏六：记忆达人。

游戏规则：工作人员展示6张扑克牌，请大家在1分钟内记住所有扑克牌的花式、数字和颜色；工作人员将扑克牌翻到背面，能准确回忆出2张以上扑克牌者得1枚印章。

游戏准备：扑克牌1副、桌子2张、椅子4张、印章数枚。

心灵寄语：训练记忆力，本身就是一种快乐。

（7）摊位游戏七：指手画脚。

游戏规则：

①三人一组，工作人员先告知第一个同学要猜的题目，第一个同学看到题目后用动作进行比画，传递答案给下一个同学，比画时不能发出声音，一个传一个，最后一个同学说出答案。

②题目类型涉及生活用品、水果蔬菜、动物等。遵守规则的参与者可获得1枚印章。

游戏准备：各类图片30张、桌子2张、椅子2张、印章数枚。

心灵寄语：双方面对面的语言交流，能让我们的沟通更直接、更有效。

（8）摊位游戏八：你来我往。

游戏规则：

①两人一组，各拿着8字环形的一端，互相配合保持平衡，不让8字环形上的小球掉落。

②遵守规则，小球来回3轮或以上不掉落的组，其参与者各获得1枚印章。

游戏准备：8字环形套装2组、桌子2张、椅子2张、印章数枚。

心灵寄语：当两个人能互相尊重、平等相处时，快乐与和谐才会持久。

（9）摊位游戏九：心口不一。

游戏规则：

①随机抽取6张彩色文字卡，参与者迅速读出卡片上文字的颜色，而不是读出该文字。

②遵守规则，正确读出3张或以上文字卡者可获得1枚印章。

游戏准备：彩色文字卡24张、桌子2张、椅子4张、印章数枚。

心灵寄语：集中注意力很重要，排除干扰不能少。

（10）摊位游戏十：巧手拼图。

游戏规则：

①请根据提供的图形，用七巧板拼出该图案。

②每人用时2分钟，认真参与者可获得1枚印章。

游戏准备：七巧板2套、桌子2张、椅子4张、印章数枚。

心灵寄语：善用脑，巧用手，思维训练有妙招。

（二）"激活生命能量、共创幸福未来"活动方案

1. 活动背景

良好的心理素质是人的全面素质中的重要组成部分。开展心理健康教育，既是学生健康成长的需要，也是推进素质教育的必然要求。为此，在促进学生发展的前提下，为了营造校园的心理健康教育氛围，扩大心理健康教育的影

响，打开学校心理健康教育的新局面，富都小学将以"5.25　我爱我"全国心理健康活动日为契机，开展心理健康月活动：宣传普及心理健康知识，使学生了解更多的心理现象，引导学生正确面对和解决在生活上、学习上遇到的问题，促进学生健康成长；开展以预防性和发展性为主的心理健康教育活动，引导学生关注心理健康，培养学生积极心理，促进学生心智成熟。开展这些活动，旨在促进学生心理健康成长，优化教师职业心态，促进和谐校园氛围的形成，为师生搭建起提升心理素质、提高心理承受能力的平台，推动学校心理健康教育工作向纵深发展。

2. 活动安排

（1）开展一次以"生命教育"为主题的心理健康教育课——"种子成长记"。

心理健康教育课以班级为单位、以生命教育为主题开展。教师教授学生心理健康知识，让每一个学生感知生命的意义和价值，认识生命的珍贵，尊重生命，珍爱生命。

（2）开展一系列校园心理健康知识宣传活动。

开展线上线下相结合的心理健康知识宣传活动，充分利用黑板报、宣传橱窗、标语横幅、微信公众平台等进行心理健康知识宣传，营造关爱学生心理健康的浓厚氛围，为学生身心健康、和谐发展创造良好环境。

（3）开展一系列家庭教育指导活动。

落实广州市教育局《关于加强新时代学校家庭教育工作的实施意见》。

第一，开展全员家访，由班主任牵头、科任老师参与，每学期与每个家庭直接沟通联系不少于1次。老师应告知家长学生在校的情况，同时掌握学生的家庭动态，将学生的家庭情况、成长环境与经历等作为心理普查建档的重要内容。

第二，畅通家校沟通渠道，依托家委会、家长学校，通过家长会、专题讲座等形式，向家长推送心理健康和家庭教育知识，帮助家长改善亲子关系，争取家长对学生心理健康教育工作的理解和支持，促进家校协同，共同推进学生心理健康教育和心理危机预防干预工作。

（4）开展"5·25"心理健康教育主题活动。

3. 活动内容

（1）开展校园心理情景剧展演。

开展校园心理情景剧编写、展演等活动，通过角色扮演唤起参与者相应的情感体验和思考，为学生提供探索内心的舞台，提升学生自主互助能力。

（2）开展"我的成长能量瓶"手绘心理画活动。

围绕"我的成长能量瓶：寻找身边的正能量"主题，用心发现身边的美好瞬间，用画笔传递成长中的动人画面；开展手绘心理画活动，让学生表达爱与希望，传递心里的正能量。

（3）开展"我的幸福瞬间"征文活动。

以"我的幸福瞬间：寻找身边的'小确幸'"为主题，让学生结合自身的生活、学习经历，辅以心理健康教育方面的内容，畅谈自己疫情以来的生活感悟或所发现的身边的幸福瞬间。

（4）开展"大梦想家"线上演讲视频活动。

以"我的梦想"为主题，拍摄不超过3分钟的演讲视频，每班精选5份优秀作品进行评比，设一、二、三等奖。视频要求横屏拍摄，画面稳定清晰。

（5）开展"我有我动力——共育班级生命树"活动。

①每班制作一棵班级生命树，学生在便利贴上写下：我喜欢的班级是什么样的？我可以为此做些什么？

②写完后贴在生命树上。课后，可以将班级生命树用于装饰课室，作为班级文化的一部分。

材料：树干贴纸、叶子形便利贴。

（6）开展"我的种子说明书"展示评比活动。

在班级内展示学生在心理课上制作的"种子说明书"作品（用绳子挂起来），由学生投票选出最佳作品。

（7）幸福盲盒。

在PPT课件上呈现若干盲盒，盲盒里装着不同的幸福任务，学生可以选择课上或课后完成选中的幸福任务，把幸福传递出去。完成幸福任务者可获得纪念品一份。

（8）"激活生命能量、共创幸福未来"心理展板展示活动。

展示时间：2022年5—6月。

展示地点：学校门口小广场。

展示内容：心育科制作的心理展板3块。

4. 活动要求

第一，认真组织，加强落实。坚持"以人为本、生命至上"的理念，高度重视学生心理健康教育工作，加强组织领导，制定切实可行的工作方案，提升学校心理健康教育的针对性和实效性。

第二，全员参与，突出重点。坚持全员、全过程、全方位育人，面向全体学生设计教育内容，充分调动全体师生的积极性，促进心理健康教育融入学校教育教学的全过程。

第三，总结经验，扩大交流。活动后心育科要及时总结学校开展心理健康教育工作的成效及创新经验，扩大交流和影响。

三、感恩教育主题活动

（一）活动方案

1. 活动背景与目标

随着社会的发展，生命教育逐渐受到广泛关注。生命教育旨在引导学生认识生命、珍惜生命、尊重生命和热爱生命，提高自我保护能力，培养积极的生活态度。同时，感恩教育作为中华传统美德的重要组成部分，对于培养学生的道德品质和健全人格具有重要意义。本次生命教育、少先队感恩系列活动旨在通过多种形式的活动，使学生深入理解生命的价值和意义，学会感恩，珍惜亲情，培养责任感和奉献精神。

2. 活动内容

（1）"感恩父母"主题活动。

组织队员们以"感恩父母"为主题开展主题活动，表达对父母的感激之情。活动过程将在学校宣传栏、微信公众号等展示，传递正能量，弘扬社会主义核心价值观。

（2）"感恩老师"主题班会。

各中队组织开展"感恩老师"主题班会，通过讲述老师的故事、朗诵赞美老师的诗歌等形式，表达对老师的感激之情。

（3）"感恩社会"志愿服务活动。

组织队员们走进社区，开展志愿服务活动，如帮助老人、打扫街道等，以实际行动回报社会。

3. 活动保障与评价

为保障活动顺利进行，学校将加强组织领导，明确责任分工。班主任和少先队辅导员将负责活动的具体实施和协调工作，确保各项工作落到实处。同时，学校将建立评价机制，对活动的效果进行评估和总结，及时发现问题并改进完善。通过本次系列活动，希望能够全面提升学生的生命意识和感恩情怀，培养他们成为有责任感、有爱心的人。

通过这次少先队感恩系列活动，队员们更加深刻地认识到感恩的重要性，培养了良好的品德和行为习惯。同时，活动也增强了队员们的团队协作能力和社会责任感，为他们自身的健康成长奠定了基础。

（二）具体活动案例

1. 红领巾喜迎二十大，赓续红色记忆——探访退役军人老党员暨重阳节慰问活动

为迎接党的二十大胜利召开，让少先队员感知党员先锋模范人物的优秀品质，从先锋模范人物的经历中汲取努力奋进的精神，体会新时代赋予少先队员的光荣使命，学校开展了"红领巾喜迎二十大，赓续红色记忆"主题探访活动。

9月28日，辅导员姚老师和副辅导员刘老师带领少先队员代表，连同家长代表，走进蔡边村，探访退役军人老党员蔡爷爷。蔡爷爷今年72岁，于1971年加入中国共产党，有着51年的党龄。

代表们一到蔡爷爷家中，蔡爷爷便热情地拿出勋章与代表们分享。他洋溢着自豪的笑容跟代表们讲述，这枚勋章是加入中国共产党50年以上的党员才可以获得的。见到笑容可掬的蔡爷爷，代表们都放下了拘束，认真听蔡爷爷讲述作为一名军人的使命以及回忆当年加入中国共产党的激动心情。

蔡爷爷教导少先队员代表们要"好好学习，天天向上"，并提到了毛主席语录中的一段话："世界是你们的，也是我们的，但是归根结底是你们的。你们青年人朝气蓬勃，正在兴旺时期，好像早晨八、九点钟的太阳。希望寄托在你们身上。"少先队员代表们表示一定遵守教导，并用歌曲表达了对老党员的敬意：少先队员麦××同学为蔡爷爷表演了一首自己原创的歌曲《百年新中国》，少先队员吕××同学表演了小提琴独奏。活动现场其乐融融。

最后，少先队员陈××同学为蔡爷爷送上一幅自己的书画作品《不忘初

心跟党走　牢记使命勇担当》，对蔡爷爷表达了至高的敬意。蔡爷爷也以军礼回应，对孩子们寄托了殷殷期盼，希望孩子们从小立爱国之志，发奋学习，做共产主义事业的接班人，长大后为建设美丽富强的祖国贡献力量。

2. 赓续百年初心，担当育人使命——庆祝教师节系列活动

带着夏日的余热、秋日的激情，富都小学迎来了第37个教师节。今年教师节的主题是"赓续百年初心，担当育人使命"。为进一步弘扬广大教师爱岗敬业、教书育人的职业品质，培养学生尊师重教的传统美德和感恩之心，学校开展了教师节系列活动。

（1）镜头一：我的麦克风。

一、二年级的学生在家长的帮助下，通过录音或者视频的方式将节日祝福、感恩的话语、亲切的问候传送给教师。学生天真的脸庞、稚嫩的声音、祝福的话语，给教师们带来了深深的感动。

（2）镜头二：我为老师点赞。

9月10日当天中午，"我为老师点赞"的活动开展得如火如荼。三、四年级的学生兴高采烈地领取"大拇指"贴纸，为乘风破浪的老师们点赞。

（3）镜头三：小手画恩师。

五、六年级的学生利用美术课和课余时间积极参与"小手画恩师"的活动，发挥丰富的想象力和创造力，把自己对教师的情真意切流露在绘画作品中，充分表达了对教师的关心、理解、尊重。

（4）镜头四：班级献祝福。

各班以教师节为契机，开展了富有特色的献祝福活动。有感恩教师的主题班会活动，"老师，让我送你一朵小红花"活动，"'吾师吾友'，分享我与老师的故事"活动……丰富多彩的活动让富都小学的校园里回荡着一声声的祝福、一句句的感谢。

3. "爱在重阳，敬老情长"——富都小学"我们的节日·重阳"活动

10月14日，各中队利用班会课积极开展重阳节主题活动，向学生讲述重阳节的来历、习俗等知识，传播重阳节日文化，并进行家庭美德教育，引导学生关爱老人，孝敬父母，从自身出发，以实际行动做自己力所能及的事。

学生跟着老师一起学习脍炙人口的感恩歌曲，并回家唱给父母听。学生在诗歌朗诵会上传唱重阳经典诗篇，在诵读过程中既获得了经典古诗文的熏陶，

又增强了自信心和自豪感。学生进行了"身边的感动"——三分钟故事演讲，讲述父母和长辈真心付出、无私关爱子女，以及子女真诚回报、感恩于行的故事。

学生用朴实的语言和真诚的话语表达了对长辈的感恩之情，长辈们也回之以幸福的微笑。

为了感谢长辈的养育之恩，学生们纷纷付诸实际行动：分担一件力所能及的家务，给长辈捶背捏肩，为长辈洗一次脚、敬上一杯茶……

学生在丰富的节日活动中，亲身感受了中国传统节日文化的经久魅力，同时也懂得了敬老爱老不仅要用言语表达，还要落实到日常的行动中去，让生活中的每一天都成为"敬老日"。

4. 英雄花开忆英雄，红色清明筑忠魂——2022学年清明祭英烈主题活动

4月4日上午，我校大队委员们在刘老师和余老师的带领下，一同前往番禺人民英雄纪念碑所在地缅怀革命先烈，弘扬民族精神，学习革命先烈的事迹，继承和发扬党的光荣传统和优良作风，感受浓浓的爱国情怀。

所有委员们在人民英雄纪念碑前举行了庄严而隆重的仪式。大队长吴××向人民英雄纪念碑鞠躬行礼，宣布全体立正、仪式开始。

仪式结束后，我校党支部党员教师余老师为大家讲述革命烈士的事迹，并且在辅导员刘老师的带领下，全体少先队员向革命烈士默哀以表达自己对革命烈士的敬仰及哀思。

这次祭扫活动，既缅怀了先烈，又给队员们上了一节深刻的爱国主义教育课，让队员们意识到今天的幸福生活来之不易，懂得珍惜当下，以先烈为榜样，吃苦耐劳，艰苦奋斗，努力学习，报效国家。

5. 百善孝为先，万谢母亲恩——2022学年母亲节主题活动

母亲节的"怀孕"体验

今天是5月的第2个星期日——母亲节，老师为了让我们体验一下当妈妈的辛苦，就让我们在家里驮着一包不轻的豆豆做家务。

刚开始驮着的时候，我还觉得不算很难，比较轻松。可是，到后来我才发现，原来驮着一个几斤重的物品做家务真的很辛苦、很累。而且，在拖地的时候，我想弯腰下去但腰会很疼，只能用手撑着腰来拖地；想坐下来也不容易，

因为怕"宝宝"会掉下来，只能一边扶着扶手，一边抱着肚子才能慢慢坐在椅子上。

通过这次体验，我才知道，原来妈妈怀着我的时候并不轻松，而是很辛苦。所以，以后我要多多体谅妈妈。

——苏×翔

今天，我进行了一次特别的体验：在肚子上绑着一个7.5斤的米袋子，模仿我的妈妈怀孕时做家务的样子。在拖地的时候，我感觉肚子沉甸甸的，有股无形的力量拉着我的肚子往下坠，而且手脚总是不小心碰到肚子，特别不方便，比如拖把杆子往回收就碰到肚子，我得非常小心。可以想象，当初我在妈妈肚子里的时候，她也要非常小心地工作和生活。妈妈真的很不容易！

——蔡×哲

今天是母亲节，老师让我们体验一下当孕妇的辛苦。首先，妈妈称了6斤重的米，帮我绑在腰上，我瞬间感觉沉重无比，整个身体的重量都集中在脚下，就连走路也比较艰难。拖地时，我时不时要用一只手托着我的"大肚子"，同时另一只手还要卖力地拖地。这累得我满头大汗。

通过这6小时的孕妇体验，我懂得了妈妈怀孕时的辛苦，她不仅要挺着大肚子做许多家务活，还要格外小心谨慎。

"慈母手中线，游子身上衣。临行密密缝，意恐迟迟归。谁言寸草心，报得三春晖。"妈妈，您辛苦了！

——麦×僖

今天是母亲节，我结合妈妈和我说的她当年怀孕时的感受以及我的"亲身"体验，说说自己感受。

妈妈说我出生时有5斤多重，于是我拿出一个布袋装上5.2斤的米，再拿出一根布条把米袋绑在身上，然后拿起扫把开始扫地。我扫了大概十分钟后，就觉得有一点点累了，但是我觉得把地扫完才可以休息，于是又扫了10分钟，扫完后我已经大汗淋漓了，但是家务还没有完成，于是我又拿出拖把开始拖地。我才拖完两个房间，就已经感觉特别累了。然后我歇了一会儿，又开始干活了……

　　过了6个小时，我浑身酸痛，大汗淋漓，深切地感受到了妈妈怀孕时的辛苦。我很感谢妈妈给了我生命，养育我成长。我想对妈妈说：妈妈，我爱您！

——刘×谨

　　今天是母亲节，老师给我们布置了一个有趣的任务：体验妈妈怀孕时的感受，把一些有重量的东西绑在肚子上6个小时。我把东西绑到肚子上之后，感觉特别特别的重，帮妈妈做家务时，刚开始觉得还是比较轻松的，可是很快就感觉越来越累。扫地的时候，我感觉我的肚子就好像是装了几块砖头一样，每走一步都很艰辛。到了洗碗的时候，我感觉肚子在往下沉，很害怕"宝宝"掉下去，所以得边洗碗边顾着"宝宝"。终于等到任务结束了，我感觉我的腰特别地疼。

　　经过这次的"怀孕"体验，我感受到了妈妈怀我时的不容易。我只"怀孕"6个小时就已经这么累了，她可是怀了我10个月啊！妈妈，您辛苦了！

　　在今天这个特殊的节日，祝我的妈妈在内的全天下所有的妈妈节日快乐！

——何×瑜

后　记

在构建和实施心理健康教育"三生"模式的过程中，我们欣喜地看到了每一个参与者的蜕变，不管是学生、家长，还是教师，都在不断成长，走向更加幸福的未来。

富都的学生们，充满阳光与活力，快乐、自主地投入学习和生活中，在各种活动及比赛中都表现得更加自信，且屡创佳绩，例如，荣获广东省渗透心育的优秀劳动成果制作二等奖、番禺区心理征文比赛一等奖，还被评为广州市优秀"三好学生"、"新时代羊城少年先锋宣讲团"成员、"番禺雏鹰之星"……

富都的家长们，教育方式与观念得到转变，亲子关系更加融洽，家校沟通也更加和谐。家长们对学校、教师的理解和信任，架起了一道家校沟通的桥梁，让我们的教育更加顺畅和有效。

富都的教师们，工作更有热情和活力，能够从容地应对各种变化和不确定性。面对"双减"政策、新课程标准、三年的防疫之路……教师们更加乐观地去接纳，想方设法地去应对，积极投身其中谋求发展，努力让自己成为综合素养高、专业能力强、幸福感满满的人。经过不断的实践锤炼和理论滋养，学校的心理健康教育科组成员的个人素养和专业技能得到了极大提升。科组连续荣获番禺区优秀科组评比一等奖；科组骨干教师被聘为广州市心理学科特约教研员、番禺区心理学科特约教研员、番禺区心理健康教育名师工作室主持人等，参与了广州共享课堂、番禺区幸福课微课的录制；科组的青年教师参加番禺区第一届青年教师教学能力比赛荣获三等奖，参与了番禺区幸福课微课的录制等。同时，骨干教师的成长，不仅带动了学校、学生的发展，还因在比赛中屡获佳绩产生了区域影响效应。学校的心理健康教育工作特色被刊登在《人民日报》《番禺日报》上；学校多次承担区域的现场会及研讨交流活动，起到辐射和引领作用。此外，"小学生职业生涯规划校本课程建设成果"参加第五届广东省中小学校本课程建设成果评展活动时被评为三等奖；"家校共育：小学生职业规划"荣获2021年广东省中小学优秀德育科研成果二等奖。

学生、家长及教师们的蜕变与成长，促进着学校不断发展。基于学生生活实际，以生涯教育为载体、以生命教育为内核的"三生"模式，成了学校育人的一大特色与品牌，助力学校德育工作并取得了较好的成效。学校被评为广东省第二批中小学心理健康教育特色学校、广州市首批学校家庭教育工作示范学校，"美心"班主任工作坊被授予"首届广州市中小学校示范班主任工作坊"荣誉称号，2019级4班家长委员会被评为"首批广州市中小学幼儿园优秀班级家长委员会"。

"美好人生，从心开始"，这不仅是学校的办学理念，也是学校心理健康教育工作一直努力追求的境界。以生活教育、生涯教育、生命教育为核心内容的"三生"模式，让学校心理健康教育工作的方向更加明晰，其中贴合学生实际的课程设计，更是大大提升了心理健康教育工作的实效。我们通过开展"三生"模式的探索与实践，有效地将心理健康教育与学校的各项工作有机整合，将心理健康教育工作贯穿于教育教学的全过程，全方位地开展活动，真正将"三全育人""五育融合"落到实处，给学生提供润泽心灵的沃土，为他们的健康成长保驾护航。

当然，教育是变化发展的，任何一种教育模式都需要在实践探索中不断调整。因此，在已有的实践基础和成效上，我们也通过理论研究、专家指引等方式，对"三生"模式进行了进一步完善，并反思如下：一是深入完善课程资源体系，根据培养的几种核心能力重新整合课程内容的系列；二是在活动资源方面，加强家长职业大讲堂活动及校外职业体验活动的系统性，不断充实有系列、有分类的活动资源库；三是进一步加强成果的推广应用，继续完善成果，通过专题分享、结对交流、现场会、送教等形式，让我们的成果惠及更多的同行，发挥更大的实践应用价值。

心理健康教育是一项系统工程，它不仅仅是"救火队"，更是"防火墙"，是育人的重要支撑。为了培养面向未来的时代新人，富都小学将继续带着"美"坚定前行。

梁叶华
2024年3月